ABUSO SEXUAL EM FAMÍLIA

Artesã

Carla Júlia Segre Faiman

ABUSO SEXUAL EM FAMÍLIA

a violência do incesto à luz da psicanálise

3ª edição – revisada

Artesã

Abuso sexual em família: a violência do incesto à luz da psicanálise

1ª Edição (2004); 2ªEdição (2007), ambas pela Casa do Psicólogo.

COORDENAÇÃO EDITORIAL
Karol Oliveira

DIREÇÃO DE ARTE
Tiago Rabello

REVISÃO
José Maria Campos Lima

CAPA
Karol Oliveira

DIAGRAMAÇÃO
Luís Otávio Ferreira

F161 Faiman, Carla Júlia Segre.
Abuso sexual em família : a violência do incesto à luz da psicanálise / Carla Júlia Segre Faiman . 3. ed. – Belo Horizonte : Artesã, 2020.
98 p. ; 21 cm.
ISBN: 978-65-86140-27-9

1. Psicanálise. 2. Psicologia. 3. Incesto. 4. Crime sexual. I. Título.

CDU 159.964

Catalogação: Aline M. Sima CRB-6/2645

IMPRESSO NO BRASIL
Printed in Brazil

(31)2511-2040 (31)99403-2227
www.artesaeditora.com.br
Rua Rio Pomba 455, Carlos Prates - Cep: 30720-290 | Belo Horizonte - MG
/artesaeditora

A Sérgio, Carolina e Jaime

AGRADECIMENTOS

Este livro tem como origem a minha dissertação de mestrado defendida no Instituto de Psicologia da Universidade de São Paulo, e é fruto da experiência de trabalho que tive no CEARAS - Centro de Estudos e Atendimento Relativos ao Abuso Sexual da Faculdade de Medicina da Universidade de São Paulo. Registro aqui meus agradecimentos a algumas das pessoas que colaboraram para esta realização.

A Claudio Cohen, que idealizou e criou o CEARAS;

aos colegas e estagiários com quem trabalhei no CEARAS, pela riqueza do trabalho em conjunto. Em especial à Claudia Figaro Garcia, pelo generoso empréstimo de muitos textos;

a Renata Cromberg, Lucia Fuks e Isabel Khan Marin, que em épocas distintas dedicaram-se à supervisão do trabalho realizado no CEARAS;

aos pacientes do CEARAS, com quem aprendi muito;

a Audrey Setton Lopes de Souza, por sua dedicação e disponibilidade como orientadora da dissertação;

a Walquíria Fonseca Duarte, pelas recomendações e pela generosa apreciação do texto, que bastante me encorajou;

aos colegas do Departamento de Medicina Legal, Ética Médica e Medicina Social e do Trabalho da FMUSP e do Serviço de Saúde Ocupacional do HC pelo convívio e apoio; em especial a Vera Lúcia Zaher pelo constante incentivo e pelas valiosas sugestões;

a Silésia Delphino Tosi, que com sua cuidadosa leitura me auxiliou na identificação das falhas e no aprimoramento do texto;

a Flávio Carvalho Ferraz, pela amizade, pelo estímulo e também pelo prefácio deste livro.

SUMÁRIO

PREFÁCIO

Em uma famosa carta dirigida a Wilhelm Fliess, datada de 21 de setembro de 1897, Freud desabafou: "Não acredito mais em minha neurótica". Com isso, ele sintetizava o desapontamento com a sua teoria da sedução, segundo a qual, na gênese da neurose, dever-se-ia encontrar uma cena de abuso sexual infantil, perpetrado geralmente pelo pai sobre a filha. Sua decepção provinha da constatação de que as cenas de abuso - que julgara terem de fato ocorrido na experiência da neurótica - não passavam de uma *fantasia*. Caso contrário, se estas tivessem sido reais, o número de pais perversos seria assustador, conclui o próprio Freud, numa quase autocrítica.

Esta constatação teria uma enorme importância na construção da teoria psicanalítica, particularmente sobre a formulação ulterior do complexo de Édipo e de toda a concepção do desenvolvimento psicossexual infantil. Na constituição do psiquismo, as fantasias edípicas - expressões do desejo incestuoso infantil a ser recalcado - exerceriam um papel capital, e a sua interdição ativa pelas figuras parentais asseguraria à criança as condições de um desenvolvimento psíquico saudável e a sua integração à comunidade cultural humana.

Pois bem, a partir daí já se desenha a primeira dificuldade, de ordem teórica, enfrentada por Carla Segre Faiman neste trabalho, que pode ser expressa pela indagação: e quando o incesto não é apenas uma fantasia, mas o abuso da criança pelo adulto ocorre de fato? Ora, uma situação como esta escapa à linha de argumentação que Freud desenvolveu para explicar a estruturação psíquica do ser humano; ela é anti-civilizatória por natureza, pode-se dizer. Duas alternativas se colocam, então, à pesquisa metapsicológica: descartar o corpo teórico freudiano diante desta realidade que escapa ao seu próprio fundamento (a interdição do incesto), ou retomar a potência teórica psicanalítica expressa em outras construções metapsicológicas (o inconsciente, por excelência), para uma abordagem ainda psicanalítica do problema. Foi nesta segunda alternativa que Carla apostou, buscando em outros constructos genuinamente psicanalíticos os fundamentos para tratar do abuso sexual das crianças pelos próprios pais, aqueles que supostamente encarregar-se-iam de apresentar aos filhos a Lei que rege a cultura humana. É na teoria do *trauma*, então, que Carla foi encontrar um dos recursos conceituais para guiar-se dentro deste complicado quadro que reúne, de forma integrada, tanto aspectos metapsicológicos como psicopatológicos e clínicos.

A autora demonstra, sem deixar dúvidas, o efeito nocivo que a consumação do incesto exerce sobre a capacidade de fantasiar: "o fato do pai, protagonista de fantasias sexuais, se aproximar da menina colocando-se como objeto sexual, é vivido como um desnudamento da fantasia e uma invasão do mundo mental", afirma Carla. E, com Christopher Bollas, conclui que "a fantasia, com todos os recursos inconscientes de deslocamento e de condensação, ao oferecer um meio de representação, deveria ser um término aliviador no percurso da pulsão". Quando não é isto que ocorre, mas a fantasia se presentifica, é como se ocorresse uma "reversão topográfica" deste circuito pulsional. Daí o recurso à teoria do trauma, para tentar dar conta do efeito perturbador desta violência, ou de seu efeito "sinistro", como prefere Carla lembrando a terminologia freudiana.

A outra dificuldade que Carla enfrenta em sua pesquisa - e que habilmente supera - é de ordem clínica ou técnica, e se ramifica, a meu ver, em duas direções. A primeira é a constituição de uma clínica psicanalítica que, para além das considerações transferenciais, não perca de vista a realidade do trauma. Caso contrário, a intervenção clínica seria traumática em si mesma, por não acreditar na verdade do sujeito, e não terapêutica. Repetiria, no plano da técnica analítica, o equívoco do qual Freud tão precocemente se desfez. O leitor verá que, levando a sério o pensamento psicanalítico contemporâneo sobre o trauma, nossa autora fala de uma clínica capaz de renovar-se e de escutar os ruídos da violência impressa na cultura.

A segunda direção assumida pela dificuldade clínica enfrentada neste trabalho deve-se a uma peculiaridade do trabalho institucional no qual Carla desenvolveu a experiência que deu origem a este livro (o CEARAS, que é o serviço de atendimento a pessoas e famílias envolvidas em abuso sexual incestuoso do Instituto Oscar Freire, na Faculdade de Medicina da USP), qual seja, a condução dos pacientes ao tratamento pela via judicial. Isto contraria um princípio básico que se propõe à formulação do *setting* analítico clássico, que é o desejo próprio de analisar-se que deve ter o analisando. Mais uma vez, a autora demonstra a superação de um impasse, por meio de uma capacidade de acolhimento do sofrimento humano que, na sua delicadeza (e a palavra só pode ser esta) possibilita o surgimento da demanda até mesmo nos abusadores; que dirá nos abusados!

A pesquisa psicanalítica pode muito bem encerrar-se no conforto da clínica ordinária das neuroses, como quiseram sempre alguns. Mas a sobrevivência da psicanálise está na assunção dos desafios que as condições culturais - adversas, na maioria das vezes - vão colocando à nossa frente. O abuso sexual intrafamiliar é um destes desafios, teórico, clínico e social a um só tempo. Neste livro temos um exemplo acabado de que é possível enfrentá-lo com as ferramentas da psicanálise, desde que nos aliemos àqueles que aceitam suas transformações internas e não recusem os aportes provenientes de todas as ciências do homem. É preciso seguir o exemplo que Carla nos dá neste belo trabalho para que sejam promissores os rumos da clínica psicanalítica e para que haja uma efetiva contribuição da psicanálise para o mundo sofrido dos homens.

São Paulo, julho de 2003.

FLÁVIO CARVALHO FERRAZ

PREFÁCIO

ABUSO SEXUAL EM FAMÍLIA: A VIOLÊNCIA DO INCESTO À LUZ DA PSICANÁLISE

Refletir sobre as relações incestuosas pais-filhas é a tarefa à qual se propõe a autora, tema espinhoso, delicado e ao mesmo tempo absolutamente necessário como campo de investigação.

A riqueza deste trabalho, de fundamentação teórica psicanalítica, reside no fato de ter sido capaz de escapar de uma tentação a uma aproximação mais ingênua dos determinantes e conseqüências destas relações.

A fim de subsidiar suas reflexões, a autora nos oferece um consistente passeio teórico pelos conceitos-chave necessários para a compreensão de suas reflexões, como o incesto e a cultura, apontando para a importância que a internalização das leis e a interdição dos impulsos têm para a organização social e a vida em comunidade.

Passando para a psicanálise, explora os conceitos de complexo de Édipo, superego e suas relações com o narcisismo, alicerces imprescindíveis para permitir que acompanhemos as ampliações que ela proporciona para a compreensão dos fatores presentes nos entrelaçamentos de subjetividades que se operam nos episódios de abuso sexual.

Como marca de sua contribuição destaco a coragem de expandir a compreensão tanto dos fatores que podem levar uma pessoa a cometer um abuso quanto das possíveis conseqüências desta experiência tanto no abusado quanto no abusador.

Incesto e Complexo de Édipo são conceitos inevitavelmente articulados entre si, mas mais uma vez o texto consegue escapar das articulações diretas e simplistas entre eles, evitando reduzir a experiência incestuosa a uma condenação ao fracasso na elaboração edípica e a uma internalização defeituosa do superego.

Destacando a dimensão traumática destas experiências, Carla nos propõe um passeio por entre algumas das várias possibilidades de significação simbólicas que estas poderiam adquirir.

Percorrer com ela, apoiados no firme embasamento teórico que oferece e em sua extensa experiência clínica no atendimento destes casos, os caminhos que ela nos oferece para compreender os significantes presentes que podem estar imbricados em cada abuso sexual permite, como ela mesmo destaca, que estejamos atentos para o fato de que cada abuso sexual é diferente do outro e assim possamos nos aproximar de cada experiência como particular e livre de posicionamentos definidos "a priori".

AUDREY SETTON LOPES DE SOUZA

APRESENTAÇÃO

Este livro traz uma reflexão sobre aspectos do funcionamento mental envolvidos em situações de abuso sexual intrafamiliar enfocando, mais especificamente, o incesto entre pais e filhas; e é fruto de uma experiência de oito anos de trabalho no Centro de Estudos e Atendimento Relativos ao Abuso Sexual (CEARAS) do Departamento de Medicina Legal, Ética Médica e Medicina Social e do Trabalho da Faculdade de Medicina da Universidade de São Paulo.

O CEARAS tem como proposta realizar atendimentos em saúde mental, desenvolver pesquisa e oferecer estágio supervisionado a profissionais da área no que se refere ao abuso sexual intrafamiliar. A concepção que embasa seu trabalho é de que o incesto diz respeito ao funcionamento familiar como um todo, e que qualquer intervenção ou atendimento deve ser dirigido à família, levando em conta a dinâmica de suas interações. Portanto o atendimento do grupo familiar tem prioridade, e, paralelamente a este, podem ser também realizados atendimentos individuais, caso a equipe clínica julgue necessário.

Trabalhando neste Centro desde a sua criação, em 1993, até 2001, tive a oportunidade de realizar atendimentos psicológicos individuais e familiares e participar de discussões clínicas sempre referentes a pessoas encaminhadas para psicoterapia em função de uma queixa ou denúncia de relacionamento sexual incestuoso. Foi possível empreender psicoterapias individuais com crianças, com adolescentes e com adultos envolvidos, de diferentes formas, em situações de incesto, além dos atendimentos a grupos familiares. A aproximação que esta prática proporciona mostra uma grande diversidade de configurações emocionais entre pessoas que tem em comum a experiência do incesto, o que afasta qualquer intuito de se abarcar a questão em um modelo teórico definido e, ao mesmo tempo, abre um vasto campo de estudo sobre o qual tenho me dedicado.

A base conceitual da prática clínica e da construção teórica do presente trabalho é oferecida pela psicanálise. No desenvolvimento do texto conceitos psicanalíticos são apresentados e utilizados como um instrumental aplicado na discussão e ampliação de questões levantadas pela prática de atendimento.

O referencial psicanalítico dos atendimentos reflete-se em uma prática na qual o psicoterapeuta, com uma postura não diretiva, tem uma escuta disponível e treinada para captar os movimentos de natureza emocional que se produzem na sessão, a fim de favorecer o processo de elaboração dos conteúdos psíquicos que desta forma podem ser percebidos e verbalizados, promovendo a integração e o desenvolvimento psicológicos. Para este tipo de abordagem é necessário que exista uma clara distinção entre a função do psicoterapeuta e a função, diferente desta, de quem deve emitir juízos de valor para as ações cometidas. Isto é, a aproximação necessária para o desenvolvimento de um trabalho de psicoterapia assim entendido, e de uma compreensão dos mecanismos psicológicos em questão, baseia-se no estabelecimento de um vínculo que só pode existir na medida em que o terapeuta não tenha como disposição, função ou intuito emitir julgamentos morais. A experiência dos atendimentos pôde assim fornecer elementos para a presente reflexão sobre os processos psicológicos presentes em situações de incesto, em que o foco recai, ora sobre o pai que comete abuso, ora sobre a filha.

As famílias atendidas no CEARAS apresentavam aspectos bastante variados, e situações de incesto também diversificadas. Havia denúncias de abuso sexual entre pai e filha, entre irmãos, entre mãe e filha, pai e filhos, entre outras. Levando em conta a especificidade e a importância que as funções parentais (de pai e de mãe) têm no desenvolvimento psicológico e social das crianças e em como o desempenho destas funções determina a constelação familiar, comecei a me interessar pelo estudo do incesto no qual esta delimitação de geração entre pais e filhos é quebrada, ocorrendo o relacionamento sexual entre pai ou padrasto e filha(o) ou mãe ou madrasta e filha(o). Dentro desta linha, escolhi abordar aqui o incesto entre genitor de sexo masculino e filha ou enteada, por necessidade de delimitar o meu campo de pesquisa e pelo fato de que, na minha experiência de atendimento, os casos de denúncia de abuso cometido pelas mães trazem alguns outros fatores específicos que mereceriam uma atenção especial, podendo constituir-se em tema de um outro estudo.

Este livro colabora para a ampliação e o aprofundamento da discussão sobre o tema, sendo um instrumento que pode favorecer o aprimoramento do atendimento prestado por pessoas que se deparam com situações de incesto em seu exercício profissional.

1
INCESTO E PSICANÁLISE: APROXIMAÇÕES INICIAIS

A partir da análise das fantasias inconscientes de suas pacientes e de sua autoanálise, Freud, logo nos primeiros anos da psicanálise, observou a presença e a universalidade do que veio a chamar de complexo de Édipo, isto é, ele verificou que sentimentos de enamoramento relacionados a um dos genitores e impulsos hostis, derivados do ciúme, direcionados ao outro genitor são presentes em todas as pessoas e fazem parte do desenvolvimento psicológico normal, embora geralmente não se tenha consciência disto.

O complexo de Édipo, que pode ser definido como sendo o complexo de ideias e sentimentos relacionados aos desejos incestuosos, suas proibições e seus desdobramentos, ocupa um lugar central na teoria psicanalítica. Em psicanálise, muito da constituição psíquica pode ser definido tomando-se como referência a forma como este complexo se estrutura no indivíduo. Isto significa que a interdição à realização dos impulsos incestuosos tem uma importância central no desenvolvimento psicológico, sendo considerada como o paradigma da possibilidade de reconhecimento, pelo sujeito, de que existem limites para a realização de seus desejos, para sua conduta e que balizam seu reconhecimento de si. Alguns limites se concretizam na elaboração de leis, que têm a função de possibilitar e reger o convívio humano e às quais todos devem sujeitar-se em uma comunidade. A presença de conflitos e de desejos ou impulsos antagônicos à manutenção do grupo é inerente ao convívio, desta forma, o estabelecimento de regras básicas que possam reger as interações é uma necessidade, sendo, assim, um pressuposto para a civilização.

A proibição do incesto tem o aspecto de uma lei que estabelece uma ordem cujas repercussões são muito amplas e podem ser verificadas em diferentes níveis, como o do desenvolvimento psicológico individual, o familiar, pela definição das gerações e das funções de cada pessoa no núcleo da família, e no que se refere à interação na comunidade, uma vez que os parceiros para os filhos que crescem devem provir de famílias diferentes. A respeito da mesma questão, a partir de outro ângulo, observamos que a experiência da concretização do incesto denuncia uma falha na organização das funções na família e na sua dinâmica psicológica, e tem importantes repercussões na constituição do mundo mental das pessoas que, direta ou indiretamente, são envolvidas, caracterizando uma situação de abuso.

O fato de o abuso coincidir com a realização de fantasias inconscientes relativas ao complexo de Édipo é um fator de amplificação de sua violência pela complexidade de suas repercussões no âmbito psicológico. Para abordar esta questão é necessário conhecer a importância que o incesto tem no pensamento psicanalítico, valendo a pena retomar brevemente algumas observações e descobertas de Freud relacionadas ao tema.

A Teoria do Trauma, apresentada em texto de 1895 intitulado "Protom Pseudos", foi a primeira formulação importante de Freud sobre a etiologia da histeria. Para esta teoria, o desenvolvimento da enfermidade era devido à experiência de situações de conotação sexual vividas na infância. Uma cena de sedução, isto é, uma situação na qual um adulto buscasse satisfação sexual junto à criança, não seria imediatamente compreendida pela criança devido à sua "imaturidade", definida, então, pelo que se considerava como "ausência de sexualidade". Assim, a cena permaneceria como um "cisto mnêmico", um traço de memória ao qual não é possível atribuir um sentido e integrar na cadeia de representações. Mais tarde, quando pelo próprio desenvolvimento a criança acedesse à sexualidade, uma outra cena, de caráter sexual, poderia evocar associativamente a primeira, que adquiria então, retroativamente, um sentido sexual. Esta nova conotação, sexual, desencadearia um afluxo de excitação excessivo relativamente à capacidade que o indivíduo tem para dominar e elaborar psiquicamente as excitações, configurando-se um trauma. A defesa desencadeada pelo trauma eliminaria da consciência a lembrança, confinando-a no inconsciente e seus efeitos teriam expressão nos sintomas histéricos, como, por exemplo, as fobias, as inibições e as manifestações somáticas.

Utilizando a técnica psicanalítica que começava a desenvolver, Freud tinha acesso às ideias inconscientes de suas pacientes, e nelas deparou-se com numerosos relatos que se referiam a situações de sedução sexual sofridas na infância, sendo que geralmente a autoria destes atos era atribuída ao pai. Este fato, que aparentemente confirmaria sua teoria do trauma, converteu-se num dos fatores que levaram Freud a reformulá-la, conforme consta em carta endereçada a Fliess (nº 69) na qual escreve que, se a histeria era devida às lembranças de um abuso cometido pelo pai, deveria haver muito mais pais perversos do que histéricas, posto que nem todas as pessoas que tivessem sofrido este tipo de sedução tornariam-se histéricas, uma vez que para a eclosão da sintomatologia ainda deveriam somar-se outros fatores. Freud prossegue com a importante constatação de que no inconsciente não há distinção entre verdade e fantasia catexizada com afeto, o significa que as lembranças ativas no inconsciente, relatadas em análise, dizem respeito a uma realidade psíquica que não confere necessariamente com a realidade concreta, e que a fantasia pode ter o mesmo valor traumático que se atribui a fatos da realidade concreta. Acrescenta, ainda, a possibilidade de que a fantasia sexual tivesse, invariavelmente, como tema os pais. Posto isto, Freud questiona se são de fato as experiências posteriores que estimulam a fantasia retroativamente ou se, de outra forma, a sexualidade encontra-se presente e ativa na infância, manifestando-se na fantasia.

Nos "Três ensaios sobre a sexualidade", Freud (1905) reformula e amplia seu conceito de sexualidade sob diversos aspectos e define o que entende como sexualidade infantil. Neste estudo, ele deixa claro o papel ativo desempenhado pelo desejo sexual já na infância, concluindo que a interpretação e a lembrança de fatos ocorrem sempre pelas lentes da fantasia, sendo impregnadas pelo desejo.

Os pais exercem funções específicas no desenvolvimento da criança, como o fato de serem os protagonistas naturais das primeiras fantasias sexuais, que configuram o complexo de Édipo. Para Freud, é da elaboração deste complexo, da possibilidade de se renunciar à busca da satisfação direta dos impulsos incestuosos, que se forma o superego (instância do psiquismo responsável pela "consciência moral") e se desenvolvem as condições básicas para a civilização, o que será exposto de forma mais detalhada nos capítulos "Narcisismo e Superego na atuação do incesto" e " A proibição do incesto e a cultura".

A interdição do incesto é entendida como o paradigma de limite, o que diferencia a ordem do caos, o que representa a possibilidade de que, entre um impulso e sua satisfação, se interponha algo, abrindo espaço para o desenvolvimento de um aparelho mental que opere com representações.

Há famílias nas quais a interdição ao incesto falha. São as famílias nas quais ocorrem relacionamentos sexuais incestuosos. Se a interdição do incesto pode ser entendida como a condição de possibilidade para a estruturação psicológica e social, seria plausível concluir, de forma simplista, que nestas famílias não haveria qualquer possibilidade de estruturação ou desenvolvimento mental. No entanto, uma aproximação baseada na clínica e na literatura relativa ao tema mostra um campo bem diferente, bem mais complexo, sobre o qual reflito neste trabalho. A experiência de atendimento mostrou que o incesto pai - filha pode ser expressão de diversos conflitos ou dificuldades de natureza absolutamente distinta para cada família, com as mais diversas consequências e representações, o que descarta qualquer resposta genérica advinda de um corpo teórico previamente definido para as questões relativas a este tema e nos instiga a novas reflexões.

A ampliação da compreensão a respeito do tema permite um aprimoramento dos recursos de atendimento para estas situações. Pela complexidade da questão, o atendimento a situações de abuso sexual demanda diferentes abordagens, como a de saúde mental, a jurídica, e a de saúde em termos mais gerais, no que se refere ao corpo. A cada abordagem corresponde um tipo especifico de intervenção. A experiência de centros de atendimento como o CEARAS, que realiza atendimentos em saúde mental de pessoas encaminhadas pelos Fóruns de Justiça, traz à reflexão algumas questões referentes à definição das atribuições e das funções de cada instituição na atenção a situações de incesto. O ideal é que o atendimento prestado pela Justiça e o atendimento em saúde mental possam ocorrer de forma articulada, num contexto no qual estejam claramente definidos e respeitados os limites de cada uma destas abordagens.

Cabe aos profissionais ligados às instituições judiciárias buscar a realidade concreta dos fatos que balizará a tomada de decisões do juiz. Podem, assim, ser realizadas perícias investigando a ocorrência e as condições ligadas ao abuso. A equipe técnica das varas de infância e juventude dos Fóruns, composta por psicólogos e assistentes sociais, realiza um acompanhamento das famílias que têm processo judicial em função de denúncia de abuso sexual que envolva crianças ou adolescentes. A função deste trabalho é fornecer elementos que ampliem a compreensão das situações em questão auxiliando o juiz na promoção de ações que visem à proteção da criança. Cabe à Instituição Judiciária determinar medidas de proteção, como, por exemplo, ordenar que pai e filha morem em locais distintos no caso de haver relacionamento incestuoso entre eles. Também é função da Justiça responsabilizar legalmente quem comete o abuso, o que se dá por meio dos processos em varas criminais.

A intervenção da Justiça, com as medidas concretas que ela impõe e o poder que ela representa, é de importância capital para a cessação de comportamentos de abuso sexual. O atendimento prestado em saúde mental age de forma complementar, visando ao desenvolvimento dos recursos psicológicos individuais e familiares, intervindo nos fatores de natureza psíquica presentes na dinâmica dos relacionamentos incestuosos.

O trabalho em saúde mental pauta-se no vínculo de confiança que pode se desenvolver entre paciente e terapeuta, portanto, o sigilo profissional deve ser uma garantia para o trabalho. Confiança não se confunde com cumplicidade, sendo importante que as investigações cabíveis à Justiça caminhem de forma independente e paralela à psicoterapia. Assim, o psicoterapeuta, devido à natureza de seu trabalho, não pode ter como função dar informações à Justiça, o que colocaria em xeque o atendimento que presta. No CEARAS este pensamento faz com que os atendimentos sejam dirigidos a famílias que têm necessariamente uma denúncia de abuso sexual incestuoso previamente realizada à Justiça. Em função desta exigência do CEARAS, a sua principal fonte de encaminhamento de pacientes são as Varas da Infância e da Juventude dos Fóruns de Justiça.

A maior parte das instituições que prestam atendimento psicológico e social a situações de abuso sexual volta-se para o atendimento das pessoas que são vistas como vítimas de violência, geralmente mulheres e crianças. Podemos citar como exemplos, em São Paulo e arredores, o PAVAS (Programa de Atenção às Vítimas de Abuso Sexual), o CRAMI (Centro Regional de Atenção aos Maus tratos na Infância), a Casa Eliane de Grammont, CNRVV (Centro de Referência às Vítimas de Violência), entre outras. Algumas destas instituições têm vínculo com abrigos que recebem mulheres e crianças em situação de risco. Cada uma a seu modo acolhe, oferece tratamento e/ou encaminhamento aos seus pacientes. No que se refere à saúde mental, em se tratando de abuso cometido dentro da família, uma proposta de atendimento deve levar em conta a complexidade e os aspectos ambivalentes envolvidos na dinâmica psicológica familiar na situação de abuso. É sempre presente o risco de o profissional de saúde voltado para o atendimento de "vítimas", pela dificuldade de analisar a situação em sua complexidade, identificar-se com aspectos do sofrimento do paciente que recebe de uma forma que toda a atribuição de responsabilidade e de "maldade" seja projetada no familiar ausente, negando qualquer aspecto relacionado aos vínculos emocionais envolvidos. Quando isto ocorre, características menos superficiais do funcionamento mental escapam do seu campo de intervenção, o que resulta em ações que podem ter valor na urgência de algumas situações de violência, mas não têm efetividade no favorecimento do desenvolvimento de recursos psicológicos dos pacientes.

O atendimento familiar, desvinculado de qualquer função pericial, abre uma possibilidade de se abordar a dinâmica dos relacionamentos no núcleo familiar em sua complexidade e ultrapassar a frequente tendência a interpretações maniqueístas em que a identificação de cada pessoa da família permanece aderida a aspectos unicamente bons (de vítima) ou exclusivamente maus (de vilão). A disposição de incluir o agressor sexual nos atendimentos, individuais ou familiares, consiste na possibilidade de escutar o seu sofrimento psíquico, seja qual for a sua responsabilidade pelos atos denunciados, e permite uma compreensão maior e uma aproximação mais eficaz dos aspectos psíquicos envolvidos no abuso sexual incestuoso.

2
CONSIDERAÇÕES TEÓRICAS SOBRE O ABUSO SEXUAL

Todos têm alguma ideia do que pode ser um "abuso sexual", o termo é por si bastante expressivo. Mas, ao contrário do que pode parecer, tentar concluir se uma determinada situação de relacionamento interpessoal se constitui ou não em abuso sexual pode gerar controvérsias, e elucidar no que consiste e quais são os efeitos de um abuso é bastante difícil.

Em linhas gerais, podemos dizer que abuso sexual é todo relacionamento interpessoal no qual a sexualidade é veiculada sem o consentimento válido de uma das pessoas envolvidas (definição adotada pelo CEARAS). Quando se verifica a presença de violência física, o reconhecimento do abuso pode ser mais claro, pela objetividade dos fatos que indicam que o abusador fez uso de força para vencer a resistência imposta pela vítima. No entanto, não há uma relação direta entre presença de violência física e abuso sexual. A violência física pode estar presente em um relacionamento que, pelo consentimento das pessoas envolvidas, não se pode considerar abusivo, como no caso de práticas sadomasoquistas. E, de outro lado, o abuso pode prescindir deste tipo de violência, o que pode dificultar seu reconhecimento. Há situações, certamente abusivas, nas quais não se constata qualquer sinal de resistência à aproximação sexual por nenhuma das pessoas envolvidas. Há um aparente consentimento entre elas. Nestes casos, como reconhecer se trata-se de abuso ou não? O que define o caráter abusivo em um relacionamento? O que ocorre com a vítima que a impede de se defender?

Para que se configure um abuso de uma pessoa em relação à outra, deve haver uma assimetria quanto ao poder no relacionamento entre elas. Um exemplo claro de abuso de poder, que pode adquirir um caráter sexual, é a situação em que, por meio de ameaça ou chantagem, uma pessoa consegue que a outra tome atitudes que de outra forma não tomaria. Nesta situação, é clara a contradição entre o que a vítima realmente desejaria e o que assume em ato para não sofrer uma perda considerada maior. Há um conflito entre dois níveis de desejo. O primeiro, criado sob pressão, converte-se em ato, e o segundo, que se contrapõe a ele, silencia.

Há situações nas quais os desejos que estão em jogo, e em conflito, não são tão claros, e uma pessoa pode tornar-se vítima de um abuso sem apresentar qualquer reação, mesmo não havendo qualquer ameaça formulada contra ela, pois é presa pela confusão de seus próprios sentimentos. É o que se passa na situação de sedução.

Sedução é o termo que utilizarei para a situação de interação entre duas pessoas na qual uma delas, com algum gesto carregado de sexualidade, desperta na outra sensações e fantasias de caráter erótico. Na sedução não há uma resistência clara à aproximação sexual, ambas as pessoas envolvidas na relação encontram-se eroticamente estimuladas para o contato. Ocorre que, em determinadas situações, a erotização do vínculo consiste no próprio abuso.

Pretendo realizar aqui uma breve reflexão sobre o fenômeno da sedução, suas consequências e como ela pode ser ou não abusiva. A psicanálise nos trouxe elementos para ampliar nossas observações e conceitos relativos à sexualidade e à sedução.

Freud, logo no início de seus estudos, descobriu o papel preponderante da sexualidade para o psiquismo. Ao pesquisar a etiologia das neuroses de seus pacientes, concluiu que eles adoeciam em função de dificuldades relativas à sexualidade. Atribuiu inicialmente as psiconeuroses à ocorrência de traumas sexuais na infância e as chamadas neuroses atuais às condições da vida sexual das pessoas à época do surgimento dos sintomas. Utilizando a psicanálise, que desde seus primeiros tempos desenvolve de forma interligada sua técnica e sua teoria, Freud pesquisava as ideias inconscientes que podiam ser a causa das psiconeuroses. Deparou-se, então, com uma considerável quantidade de relatos nos quais suas pacientes contavam ter sido molestadas sexualmente por seus pais, e atribuiu inicialmente a esta suposta sedução precoce a etiologia da doença. Com a ampliação de suas observações e os progressos de sua autoanálise, em 1897 Freud já não considerava que tais relatos correspondessem necessariamente a uma realidade concreta. Ele tinha descoberto o poder traumático das fantasias inconscientes e a sexualidade infantil que as embasa. Observava também a universalidade do complexo de Édipo, segundo o qual a criança apaixona-se pelo genitor de sexo oposto ao seu e vê o outro como um incômodo obstáculo à realização de seus desejos (Freud, S.1897).

O conceito de sexualidade corrente àquela época, que em alguns aspectos assemelha-se ao do senso comum de hoje em dia, mostrou-se restrito demais em face das observações iniciadas por Freud. Pode-se considerar que o senso comum relaciona à sexualidade o que diz respeito à excitabilidade e atividade dos órgãos genitais associadas ao desejo de manter contato destes órgãos com os órgãos sexuais de outra pessoa na realização de um ato sexual. A noção de instinto como um padrão de comportamento pré-fixado inerente à espécie é até hoje correntemente associada à atividade sexual. A revolução no conceito de sexualidade instaurada por Freud se dá a partir do momento em que ele afirma não se tratar de um instinto pré-fixado, na medida em que a sexualidade pode variar quanto ao que diz respeito aos seus modos de atividade para a obtenção de prazer, seus objetos, bem como ao que pode ser uma zona erógena, ao contrário do que seria uma atividade instintiva, na qual todos estes fatores não encontrariam variações. A partir de então, Freud passa a utilizar o termo "trieb", traduzido como pulsão, e não mais "instinkt", que equivale a instinto, para referir-se à exigência de trabalho psíquico e corporal da sexualidade em busca de satisfação. A natureza sexual das fantasias ligadas aos sintomas neuróticos, o estudo das perversões, e a sexualidade infantil são elementos para a formulação de um conceito abrangente de sexualidade, no qual as diversas manifestações podem adquirir diferentes papéis, dependendo da configuração e do desenvolvimento psicossexual. Neste sentido, trata-se de elementos componentes da atividade sexual.

A sexualidade infantil remonta aos primeiros cuidados maternos. A experiência de ser amamentada transmite à criança muito mais do que leite no contato com sua mãe, e, quando chupa o dedo ou uma chupeta na tentativa de repetir a satisfação experimentada, ela nos mostra que suas necessidades de satisfação não se restringem às funções fisiológicas como a fome. Há uma busca de prazer, portanto, uma demanda erótica. Nesse sentido, a satisfação experimentada no contato com a mãe na mais tenra infância seduz a criança. Essa sedução é absolutamente necessária e impulsionará todo o desenvolvimento psíquico ulterior. O primeiro objeto de amor da criança, menino ou menina, é a mãe, e aos desdobramentos desse enamorar-se chamamos de complexo de Édipo.

O fato de a criança ter impulsos eróticos relacionados a um dos pais não quer dizer que ficaria realmente feliz caso os realizasse. Mesmo uma criança que expressa seus desejos no sentido de livrar-se de um de seus genitores, a partir de um certo nível de desenvolvimento, reage com angústia quando vive essa situação, ocasionada muitas vezes por um divórcio ou mesmo pela morte de um dos pais. A reação predominante não é de satisfação, muito pelo contrário. Sentimo-nos seguros quando temos condições para frear ou reprimir nossos impulsos agindo de uma forma que leve em consideração outros desejos nossos que se contrapõem aos primeiros. Deparar-se com situações que representam a realização de desejos, sexuais ou agressivos, reprimidos no inconsciente constitui-se numa experiência extremamente bizarra, geradora de intenso sofrimento psíquico. Essa experiência ameaça o sentimento de existir enquanto unidade psíquica autônoma.

Bollas (1992) considera que, levando em conta as fantasias edípicas, é possível pensar que a experiência do incesto traga uma sensação de transparência do psiquismo, por meio da qual a realidade pode ser inundada pelos desejos de um psiquismo que não oferece barreiras protetoras. Disto decorre que um abuso sexual desta ordem pode trazer como consequência, não um medo da relação sexual ou dos homens, no caso de ser este o sexo do abusador, mas um medo de pensar, de sentir e de fantasiar (Bollas, C. 1992). Segundo este autor, a situação de ser seduzida pelo pai significa, para a menina, que o seu objeto libidinal se apresenta a ela dizendo: "estou aqui para usar seus desejos para mim" (p. 194). Isto significa uma reversão no sentido da vida instintual. O normal é que a excitação somática encontre como objeto uma representação simbólica que possibilite conseguir uma satisfação, mesmo que parcial, terminando sua jornada. Na situação de sedução, o encontro com o objeto da libido desperta novo fluxo de excitação, que se dirige ao soma. "... o que deveria ser um término aliviador da excitação, torna-se um contramovimento de excitamento descontrolado que se dirige para trás..." (p. 194-195). A consequência disto é que o espaço do sonhar e do fantasiar parecem passíveis de invasão pela realidade. A incapacidade de distinguir entre sonho e realidade paralisa a atividade onírica, o fantasiar fica impedido, em prejuízo da capacidade reflexiva.

Podemos chegar a uma conclusão semelhante a esta por uma via diversa, retomando algumas colocações de Aulagnier (1990). Esta autora afirma que o direito ao segredo condiciona a possibilidade de pensar: "... preservar-se o direito e a possibilidade de criar pensamentos, e, mais simplesmente, de pensar, exige que se tenha o direito de escolher os pensamentos que se comunica e aqueles dos quais se guarda segredo..." (p. 258). Podemos então supor a violência implicada no incesto em função da invasão do espaço psíquico que ele significa, pela concretização direta de fantasias geralmente recalcadas, que deveriam manter-se na área do segredo. Trata-se, neste sentido, de uma colocação em cena de impulsos de uma forma em que o sujeito se vê sem qualquer possibilidade de controle. O funcionamento das defesas egoicas é colocado em questão e o pensar e o fantasiar podem assumir um caráter muito ameaçador, sendo prejudicados.

Clinicamente podemos pensar em pelo menos duas formas de manifestação deste tipo de dificuldade. Uma delas é o empobrecimento da atividade de fantasia e da atividade reflexiva. No entanto, esta característica não é rara, e o estabelecimento de uma relação causal com a experiência de abuso demanda cautela e a realização de uma análise bastante profunda. A segunda manifestação que, a meu ver, pode estar relacionada com esta questão refere-se a algo que observei na prática clínica do CEARAS. Trata-se da presença de distúrbios do sono em que a criança manifesta grande angústia e agitação, sem alcançar, geralmente o estado de vigília. É possível que isto se deva ao caráter ameaçador relacionado ao relaxamento da censura sobre a fantasia, inerente ao estado de sono.

Seguindo uma linha diversa, há autores que se preocupam em determinar elementos objetivos que sirvam de parâmetro para julgar se em uma determinada relação pode constituir-se ou não uma situação de abuso de uma pessoa contra a outra. Neste sentido, buscam verificar se há uma assimetria de poder entre os envolvidos utilizando dados objetivos como, por exemplo, verificar se a diferença de idade entre elas é superior a cinco anos, em se tratando de crianças ou adolescentes (Finkelhor, 1984), partindo da ideia de que a criança maior teria mais força ou maior poder coercitivo sobre a menor.

Embora possam ajudar, tais parâmetros podem dar uma segurança ilusória ao estudo da situação, uma vez que se baseiam em generalizações. Para a aferição em questão me parece importante enfocar o que uma pessoa representa para a outra dentro do vínculo. Em certos tipos de vínculo uma das pessoas é investida de autoridade frente à outra em decorrência da função que desempenha, como no relacionamento médico/paciente, professor/aluno, chefe/subordinado. Tais vínculos tendem a reeditar formas infantis de relacionamento, caracterizadas pela assimetria adulto-criança, o que se observa na medida em que esse investimento de autoridade não se limita ao assunto em questão, como, por exemplo, o conhecimento da medicina na situação médico/paciente, mas abrange aspectos mais amplos, incluindo o que se refere à moralidade. Há uma tendência à submissão acrítica concomitante à idealização do outro quando o vínculo assume estas características. Se coloco aqui como modelo de desnível que possibilita o abuso o relacionamento adulto-criança, enfocando a criança como possível vítima, não é porque imagino que o adulto, autor de um abuso, tenha necessariamente uma estruturação mental mais desenvolvida que a da pessoa submetida ao seu abuso. Em algumas situações a pessoa que comete um abuso pode não ter a percepção da natureza e da repercussão de seus atos. O que me parece importante para refletir sobre a sedução abusiva é a idealização que uma pessoa faz da outra, que é correlata a um prejuízo da capacidade crítica, e que tem por base os sentimentos experimentados pelas crianças frente aos adultos.

Cohen (1999) criou o termo incesto polimorfo para designar o abuso sexual que ocorre neste tipo de relacionamento, no qual existe uma certa assimetria devida à idealização de uma pessoa ligada à função que ela desempenha no mundo mental da outra. É o caso de relacionamentos sexuais que envolvam padres, professores ou médicos no suposto exercício de suas funções. Para este autor, o caráter violento deste tipo de relação consiste na quebra da confiança na função em si (Cohen, 1999). No caso de tratar-se de um padre, por exemplo, tudo o que se refere à religiosidade para a pessoa seria ameaçado. Este entendimento, que privilegia a função desempenhada por cada um no vínculo, traz um elemento muito importante para pensar sobre a violência psicológica presente no incesto pai-filha ao se considerar a importância que tem a função de pai, com todos os aspectos ligados à autoridade, na constituição psicológica. Esta função se constitui a partir da imago de pai, que não é um reflexo simples e direto do pai concreto, mas que, de alguma forma, relaciona-se com a experiência de contato com este.

O que faz uma pessoa cometer um abuso sexual? Quem é o abusador? Estas questões têm respostas múltiplas, vou traçar algumas considerações sem qualquer pretensão de respondê-las. Característico do abuso sexual é a utilização de uma pessoa como um instrumento na busca de uma satisfação própria. A demanda pulsional que se expressa no abuso pode ser muito diversa de um caso para o outro. Freud, em 1905, ao escrever sobre a sexualidade infantil, faz referência a pulsões de domínio, cuja satisfação consiste em subjugar o outro ou mesmo humilhá-lo; estes impulsos, de natureza agressiva, expressam-se dentro do binômio atividade-passividade e caracterizam o sadismo. Posteriormente, considerou que esses impulsos agressivos se constituíam em uma das manifestações da pulsão de morte. Enquanto a pulsão de vida tem por objetivo estabelecer ligações, a pulsão de morte busca o alívio das tensões, a descarga pulsional total. Geralmente estas pulsões se apresentam em fusão e a libido, energia relativa às pulsões de vida, é responsável por tornar inócua parte da pulsão destruidora, colocando-a a serviço da função sexual, originando o componente sádico na sexualidade. Certa "desfusão" destas pulsões é responsável pelo sadismo independente, como perversão (Freud,1923 p. 56-57).

Pode-se entender a demanda de ligação da pulsão de vida como propiciadora de relacionamentos intersubjetivos, enquanto que, no predomínio dos impulsos destrutivos, a subjetividade em si é atacada. Podemos supor que no abuso sexual a subjetividade da vítima seja alvo de ataque, por meio da humilhação ou mesmo da desconsideração de sua existência. Assim, exprimindo-se na excitação sexual, o abuso seria uma manifestação da pulsão de morte, isto é, dos impulsos destrutivos.

A compulsão à repetição, associada por Freud à pulsão de morte (Freud, 1920), consiste em uma tentativa inconsciente de conferir um sentido que permita a inscrição (e, subsequentemente, a elaboração) no psiquismo de uma experiência que extrapolou a possibilidade do sujeito para tanto. Trata-se de uma experiência traumática frente à qual a pessoa se vê sem possibilidades de proteção, presa em uma posição passiva. A cena traumática se repete como um eco, de forma compulsiva para o indivíduo. Na repetição podemos ver uma tentativa de domínio da situação traumática, por meio do deslocamento para uma posição de sujeito da ação. Vem ao encontro desta consideração a observação de que a maior parte das pessoas que cometem abusos foi vítima de violência em seu passado. Deste ângulo, a dicotomia agressor - vítima perde sua força, no entanto, ao cometer o abuso sexual, a pessoa se torna agente perpetuador no ciclo da violência.

O termo abuso sexual pode ser também utilizado para designar um mau uso da sexualidade, independentemente de tratar-se de um abuso de uma pessoa em relação à outra. O julgamento do que é bom ou mau baseia-se em códigos com regras socialmente compartilhadas e sustentadas, que por sua vez servem de base para a organização social, mas também para a organização psíquica dos indivíduos. Neste sentido, uma relação incestuosa, por exemplo, adquire uma conotação de algo inadequado, ou seja, abusivo. O psiquismo, com a colaboração adequada do meio que o rodeia, constrói barreiras contra a realização incestuosa. Disto decorre o sentimento de horror que o incesto desperta na maioria das pessoas. Há uma série de limites culturalmente definidos à conduta sexual que não se limitam à interdição do incesto. Cada cultura tem seu código segundo o qual se estabelece o que é lícito e o que é proibido. Quando o código é internalizado pelo indivíduo, transgredi-lo dá margem a intensos sentimentos de vergonha, humilhação ou culpa.

Ferenczi (1992), psicanalista húngaro, ao escrever sobre sexualidade coloca que a linguagem da criança é a da ternura, enquanto que a linguagem do adulto é a da paixão. A diferença reside no fato de que, para este autor, a sexualidade infantil é isenta de sentimentos de culpa, e a do adulto, ao contrário, é naturalmente associada à culpa. O autor prossegue dizendo que, no abuso sexual cometido por um adulto contra uma criança, a criança se identifica com o abusador, introjetando o sentimento de culpa que, a seu ver, é inerente à sexualidade adulta, portanto, do abusador. Independentemente de se considerar, como Ferenczi, que a culpa seja o que diferencia a sexualidade adulta da infantil, podemos considerar a existência de uma espécie de "transmissão" dos sentimentos de culpa que pode ter como um dos fatores a noção de ilicitude relacionada à ação em curso. A percepção de que determinado ato constitui-se em transgressão, o que, se não cria, pelo menos aumenta o sentimento de culpa, pode estar presente em níveis diferentes em cada uma das pessoas. Em situações nas quais uma pessoa não tem essa percepção no momento da realização do ato em questão, (o que pode ocorrer por completa imaturidade ou por faltar-lhe algum dado, como, por exemplo, conhecimento de um grau de parentesco, em se tratando de incesto), a violência emocional é vivida a partir de uma mudança interna da conotação deste ato frente à percepção de seu caráter transgressivo. A introjeção da culpa pode dar-se no contato sexual, como aponta Ferenczi, ou, ainda, ocorrer num segundo tempo, como no momento em que é feita uma exigência de segredo em relação à situação previamente experimentada.

A significação psíquica de uma situação é remodelada em função de novos dados e novas experiências. Isso explica por que algumas situações como, por exemplo, o momento de relatar ou submeter-se a exame em função da conotação reprovável de experiências vividas pode despertar intensa reação emocional.

Mas essa possibilidade de remodelagem da vivência associada a uma experiência passada é também a possibilidade de uma elaboração psíquica da mesma, e é nisso que se baseia o trabalho em saúde mental.

Este capítulo teve como intuito ampliar a discussão sobre o abuso sexual reunindo alguns conceitos que me parecem importantes para a questão. A especificidade do incesto, entendido como uma modalidade de abuso sexual com um potencial de violência psíquica muito grande em decorrência da função que os pais desempenham no mundo mental de seus filhos e das fantasias edípicas também foi abordada. Certamente o assunto está longe de ser esgotado. Alguns pontos colocados serão retomados no capítulo "Complexo de Édipo e Incesto: reflexões sobre o incesto à luz da psicanálise".

3
A PROIBIÇÃO DO INCESTO E A CULTURA

O incesto, entendido como relacionamento sexual entre parentes (exceto cônjuges), proibido social e culturalmente, só se configura a partir da existência de normas que o definem e o proscrevem. A ocorrência do incesto é a manifestação de uma falha no que diz respeito à eficácia destas normas. Para o estudo do tema é importante rever como estas leis se estruturam no indivíduo e na sociedade, bem como as transformações que elas representam. Este percurso é trilhado na psicanálise por Freud, a partir de seu texto intitulado "Totem e Tabu", de1913. Na antropologia, o estudo realizado por Lévi-Strauss em 1947, apresentado em seu livro "As estruturas elementares de parentesco", servirá como referência.

Na busca de uma compreensão para as origens da estruturação psíquica, Freud constrói um paralelo entre o desenvolvimento ontogenético, isto é, no nível do indivíduo, e o filogenético, que se refere à espécie humana desde seus primórdios. Isto é, ele postula que cada indivíduo, em seu desenvolvimento, reproduz de algum modo o trajeto percorrido pela espécie humana. Nesta lógica, ganha importância para a compreensão da estruturação do aparelho psíquico o estudo antropológico que realizou em "Totem e Tabu", texto no qual propôs-se a elucidar as origens das organizações sociais, com suas regras de convívio e crenças religiosas. Neste estudo verificou como as limitações impostas à satisfação sexual e aos impulsos agressivos, mais especificamente, a proibição do incesto e do assassinato, constituem a base a partir da qual se estrutura uma comunidade.

Freud baseia este estudo em tribos de aborígenes da Austrália, nas quais a primeira legislação constituída girava em torno de tabus. Trata-se de preceitos religiosos, portanto de crenças que, entre outras coisas, limitam o contato sexual. Cada tribo tem um totem, que é um animal do qual estes aborígenes acreditam ser descendentes, e a legislação consiste, via de regra, em ordens a serem observadas na relação com o totem. Preceitos cuja quebra colocaria em perigo a tribo, e que proíbem que se mate o totem, que o animal totem seja utilizado como alimento, e que descendentes de um mesmo totem se relacionem sexualmente. Havia, no entanto, uma situação ritualizada na qual o animal totem era sacrificado, e realizava-se uma refeição totêmica, na qual ele era comido. Ingerir o totem significava travar uma ligação com ele, adquirir predicados a ele atribuídos.

Esta organização social, com membros que têm direitos iguais, submetidos às restrições do sistema totêmico, poderia ter se derivado de outra e, para elucidar de que forma isto teria se dado, Freud recorre à refeição totêmica. Ele coloca que nos primórdios da humanidade os elementos agrupavam-se em hordas lideradas por um macho adulto que conduzia o grupo composto pelas fêmeas e seus descendentes. Quando outro macho se aproximava, havia luta. O mais forte seguia com o bando e o outro se retirava. Quando os descendentes machos alcançavam a maturidade, eram afastados da horda e vagavam até encontrar outro grupo no qual conseguissem a liderança. Prossegue dizendo que, à certa altura, os irmãos expulsos se uniram em rebelião contra o pai da horda primitiva, e lutaram com o intuito de terem, eles também, acesso sexual às fêmeas do bando. Nesta rebelião o pai foi morto e devorado. Porém, dada a ambivalência de sentimentos dos filhos em relação ao pai - que, ao mesmo tempo em que o odiavam por obstaculizar seus anseios de poder e seus desejos sexuais, o admiravam e invejavam suas qualidades - uma vez satisfeito o ódio, veio à tona o remorso. Em função do sentimento de culpa assim originado, comum aos irmãos, o pai morto tornou-se mais forte do que quando vivo, e o que até então era interditado pela sua existência real agora era proibido pelos próprios filhos por meio de uma obediência adiada. Assim, os irmãos abriram mão das mulheres do clã. O totem seria, então, o substituto do pai morto e a proibição de matar o totem, a anulação do parricídio cometido. Estariam assim criados os dois tabus fundamentais do totemismo, que coincidem com os dois desejos reprimidos do complexo de Édipo. E, segundo Freud, estes eram os dois únicos crimes pelos quais a sociedade primitiva se interessava: o homicídio e o incesto.

Para Freud, uma proibição tão veemente só se justifica para coibir a atuação de um desejo igualmente intenso. Em outras palavras, a razão de uma proibição consiste em coibir a realização de algo que, em algum nível, é desejado; não há motivo para se proibir o que ninguém deseja realizar. Assim pode-se, mais uma vez, atestar a presença e a intensidade dos impulsos sexuais de natureza incestuosa no desenvolvimento normal do ser humano, o que Freud já havia observado utilizando a técnica psicanalítica de análise das ideias inconscientes. Além disto, fica claro o papel primordial desempenhado pelo manejo e pelo destino destes impulsos nos processos de organização psíquica e social.

Lévi-Strauss, antropólogo francês, realiza um estudo publicado em 1947 em busca das origens das organizações sociais e das definições de parentesco. Este tema que, segundo o autor, abrange a passagem do homem de um registro exclusivamente natural para o registro da cultura, o conduziu ao estudo das bases da interdição do incesto.

Lévi-Strauss também não se contenta com explicações de autores anteriores que relegavam a questão do interdito ao incesto com argumentos no sentido de negar a existência de desejos incestuosos. Ele considera a existência do desejo sexual entre familiares e observa que entre os animais não há qualquer barreira semelhante à dos humanos. Observa, ainda, que a proibição do incesto é universal, embora para diferentes culturas ela incida sobre diferentes laços de parentesco. E afirma:

> A proibição do incesto não é nem puramente de origem cultural nem puramente de origem natural, e também não é a dosagem de elementos variados tomados de empréstimo parcialmente à natureza e parcialmente à cultura. Constitui o passo fundamental graças ao qual, pelo qual, mas sobretudo no qual se realiza a passagem da natureza à cultura. Em certo sentido pertence à natureza, porque é a condição geral da cultura, e por conseguinte não devemos nos espantar em vê-la conservar da natureza seu caráter formal, isto é, a universalidade. Mas em outro sentido também já é cultura, agindo e impondo sua regra no interior de fenômenos que não dependem primeiramente dela. (Strauss, 1976, p. 62)

A partir deste enfoque antropológico, a interdição do incesto é corolário da passagem ao registro da cultura, isto é, da superação do registro biológico puro, estando na base da organização social humana. Ele verificou que com a interdição do incesto desenvolveu-se toda uma legislação que regia os casamentos, o que determinava uma forma de interação entre diferentes grupos familiares.

É, portanto, a partir da proibição do incesto que se inicia uma nova organização, que marca o homem como um ser da cultura, da civilização. Mudança ao mesmo tempo intersubjetiva, isto é, nas relações entre os sujeitos, e intra-subjetiva, ou seja, no desenvolvimento de cada sujeito.

A respeito da formação de alianças, Lévi-Strauss acrescenta:

> ...o papel primordial da cultura está em garantir a existência do grupo como grupo, e portanto em substituir, neste domínio como em todos os outros, a organização ao acaso. A proibição do incesto constitui uma certa forma – e mesmo formas muito diversas – de intervenção. Mas, antes de tudo, é intervenção, ou ainda, é a Intervenção. (p. 72).

A interdição do incesto tem a função de garantir a existência do grupo, bem como a circulação de bens dentro deste, sendo que as mulheres e suas filhas são, segundo o autor, bens por excelência. Para ele, caso proliferassem os casamentos consanguíneos, o grupo deixaria de existir, pois iria "... *explodir* em uma multidão de famílias, que formariam outros tantos sistemas fechados, mônadas sem porta nem janela, cuja proliferação e antagonismos não poderiam ser impedidos por nenhuma harmonia preestabelecida" (p. 520).

Na interdição ao incesto, da forma como refere o estudo de Lévi-Strauss, há menos um valor negativo do que positivo, na medida em que, com ela, afirma-se a existência social de outrem.

> ... só proíbe o casamento endógamo para introduzir e prescrever o casamento com um grupo diferente da família biológica. Certamente não é porque algum perigo biológico se ligue ao casamento consangüíneo, mas porque do casamento exógamo resulta um benefício social (p. 521).

A análise de Lévi-Strauss das regras a respeito dos casamentos exógamos, definidos basicamente pela concessão das mulheres, privilegia a visão masculina, colocando as mulheres como bens valiosos, objetos de trocas. As trocas assim estabelecidas definiam os vínculos responsáveis pela coesão do grupo. Neste sentido, compreendemos a interligação que o autor faz entre exogamia e linguagem, pois "ambos têm a mesma função fundamental, isto é, a comunicação com o outro e a integração do grupo. " (p. 533).

Da mesma forma como a exogamia impõe-se como lei, cerceando impulsos sexuais primitivos em prol do estabelecimento da vida em comunidade, a linguagem comum, por meio da qual é possível compreender e fazer-se compreender, faz com que os homens exerçam influências recíprocas entre si. "De agora em diante os atos e os pensamentos tornam-se reciprocamente dependentes, e a pessoa perde a liberdade de se equivocar." (p. 536).

O autor conclui que o mito de Sumério, da idade de ouro, que relaciona o fim da felicidade primitiva com o momento em que a confusão de línguas tornou as palavras propriedade de todos e o mito de Andaman, da vida futura, que descreve a beatitude do Além como um céu no qual as mulheres não serão mais trocadas, isto é, lançando num passado ou futuro inatingíveis a doçura, eternamente negada ao homem social, de um mundo no qual se poderia viver entre si, correspondem um ao outro.

Freud retoma a questão da interdição ao incesto, entendida como uma renúncia necessária à civilização, em seu texto de 1930 intitulado "O Mal-Estar na Civilização". Nele pondera que o ser humano, em sua evolução, necessitou agrupar-se com seus semelhantes para vencer as dificuldades impostas pela natureza, esmagadoramente mais poderosa que o ser humano isolado. Ocorre que a convivência só é possível mediante a presença de certas regras que devem ser respeitadas por todos, em cujas bases situam-se a proibição do assassinato e a interdição ao incesto. Freud conclui que o ser humano paga um alto preço pelo convívio social, pelas limitações que são impostas à satisfação de seus impulsos sexuais e agressivos. Tendo em foco a sexualidade, ele afirma que como resultado destas limitações há sempre um quantum de libido insatisfeita. Embora existam outras formas socialmente aceitas de se buscar satisfazer os impulsos sexuais inibidos em sua finalidade, permanece um "mal-estar" inerente à cultura.

A plasticidade do aparelho psíquico, que permite novos direcionamentos para a libido, abre inúmeras possibilidades tanto no que se refere ao indivíduo como no que tange ao âmbito social. Uma vez impedida de descarga pela sua via sexual mais imediata, a libido pode ser investida no trabalho, em relacionamentos de amizade ou coleguismo, atividades não apenas aceitas, mas também importantes para a vida em comunidade. A impossibilidade da satisfação direta destes impulsos traz a possibilidade e a necessidade de que entre um impulso e a experiência de gratificação ocorra um trabalho de natureza psíquica, que pode então envolver representações mentais e o processo de simbolização.

A sublimação, entendida como possibilidade de direcionamento da pulsão sexual para fins não sexuais, de conotação mais elevada, estaria ligada ao processo criativo, possível em poucas atividades profissionais e, para Freud, acessível a poucas pessoas. No entanto, o trabalho geralmente fornece uma possibilidade de direcionamento e emprego de grandes quantidades libidinais, narcísicas, agressivas ou eróticas, ocupando papel de destaque na economia libidinal. De qualquer forma, toda esta questão parte do princípio de que as leis básicas de convívio sejam, em regra, respeitadas. Isto equivale a dizer que o incesto é proibido, e que a internalização desta proibição coincide com a possibilidade de organização psíquica e social necessária para a vida em comunidade.

Vimos assim como a possibilidade de elaboração do complexo de Édipo determina o destino dos impulsos incestuosos e agressivos, repercutindo em todo o funcionamento psicológico. A interdição do incesto representa a existência de limites, de diferenciações que distinguem a ordem do caos. O indivíduo, barrado na sua via de satisfação direta para seus impulsos, tem a necessidade de procurar outras formas para lidar com os mesmos, o que possibilita o surgimento de um aparelho mental que opere com representações.

Para poder ampliar a compreensão de como se articulam a internalização das leis e os impulsos edípicos é necessário recorrer à psicanálise, ao estudo da formação do superego e de suas relações com o narcisismo, tema do próximo capítulo.

4
NARCISISMO E SUPEREGO NA ATUAÇÃO DO INCESTO

O pensamento apresentado neste capítulo parte do estudo do surgimento e do desenvolvimento do superego como uma instância do aparelho psíquico e como um conceito na obra de Freud, sendo, para tanto, explicitada sua derivação do narcisismo, e prossegue para um trabalho que utiliza este desenvolvimento conceitual na interpretação de aspectos envolvidos em situações de incesto.

"Superego" é o termo psicanalítico criado por Freud para designar a instância no aparelho psíquico que desempenha funções ligadas ao que, na linguagem comum, chama-se de consciência moral. O superego é aquela parte do aparelho mental na qual tem expressão um ideal da pessoa a respeito de si, a partir do qual ela pauta sua conduta, como parâmetro do que é certo e do que é errado. Desta forma, também é o superego que julga os atos e pensamentos, dando origem ao sentimento de culpa.

A presença do superego está relacionada à noção de limites, que diferenciam o que é sentido como bom ou correto do que não o é. No presente trabalho temos visto como o respeito à lei que proíbe o incesto tem uma função estrutural para a humanidade, e como, não sem razão, tantas vezes esta questão é tomada como modelo para pensar-se na forma como as pessoas lidam com a presença de limites em suas vidas, o que podemos estender para formulações a respeito de todo o funcionamento da personalidade.

No desenvolvimento individual, o superego forma-se e molda-se a partir do contato com os pais, o que será abordado neste capítulo. Veremos adiante como o surgimento e o desenvolvimento do superego relacionam-se com as figuras parentais e por que Freud afirma que o ideal do ego (base do superego) é o herdeiro do complexo de Édipo (Freud, S. 1923, p. 51.).

O estudo do incesto traz inúmeras questões a respeito do superego, tanto no que diz respeito ao desenvolvimento psicológico de uma criança que passa por esta experiência, de ter um relacionamento sexual incestuoso e, portanto, ilícito, exatamente com quem desempenharia para ela a função de transmitir parâmetros de conduta, como no que diz respeito ao adulto que pratica tais atos. O que se pode pensar a respeito da atuação do superego na dinâmica psicológica de um pai que comete o incesto?

Iniciamos esta reflexão estudando as origens do superego seguindo o caminho aberto por Freud, a partir do momento em que ele introduz o conceito de narcisismo.

O conceito de narcisismo, apresentado por Freud no texto "Sobre o Narcisismo – uma introdução" (1914), põe em cheque a primeira teoria freudiana sobre a dinâmica do aparelho psíquico, atribuída até então ao conflito entre as pulsões de auto conservação e as pulsões sexuais.

A revolução na concepção do aparelho psíquico desencadeada então abre caminhos diversos, que conduzem a uma nova concepção das pulsões e à elaboração da segunda teoria tópica do aparelho psíquico. A constatação de um estado no qual as pulsões de auto conservação e as eróticas não só deixam de se opor, mas, também, assumem finalidades idênticas, abala o corpo teórico sustentado até o momento.

Se não é o conflito entre essas duas pulsões que move a dinâmica psíquica, é necessário redefinir quais são os componentes que se opõem, sendo que a ideia de conflito é um postulado necessário para que o psiquismo tenha seu aspecto dinâmico.

Além disso, a coincidência de finalidades entre a pulsão erótica e a de auto conservação, base do conceito de narcisismo, aponta mais uma direção: a do investimento dirigido ao próprio ego (libido do ego), o que, pela primeira vez, coloca o ego num estatuto de objeto de si mesmo, ou melhor, de um psiquismo que o abrange.

É a partir destas considerações que se abre espaço para a formulação de diferentes instâncias no aparelho psíquico.

Este capítulo contém um breve estudo de como se formam e se relacionam essas "verdadeiras pessoas no interior da pessoa" (Laplanche, 1993 p. 300), especialmente no que se refere ao superego: sua gênese nos dois sentidos, o de conceito no corpo teórico freudiano e o de instância no aparelho psíquico, suas funções e sua relação com o ego.

O superego surge da possibilidade do ego de se desdobrar, de que uma parte sua se diferencie da outra, e tome a primeira, então, como objeto. Objeto de suas críticas, de seu julgamento, de seu ataque e, também, de seu amor.

No texto "Sobre o Narcisismo – Uma introdução" (Freud, 1914), Freud introduz o conceito "ego ideal", precursor do superego. Este termo é ali utilizado para fazer referência a dois níveis distintos de idealização que, mais tarde, autores como Laplanche viriam a chamar de "ego ideal" e "ideal do ego". O primeiro é relativo a um estágio definido como "narcisismo infantil", no qual o ego não se distingue de seu próprio ideal, onipotente e perfeito. Portanto, não haveria nesta fase qualquer reconhecimento de limites ou de impossibilidades. Trata-se então do *ego ideal*.

Quando Freud afirma que o homem "...ao crescer se vê perturbado pelas admoestações de terceiros e pelo despertar de seu julgamento crítico, de modo a não poder reter aquela perfeição narcisista de sua infância, procura repará-la sobre a nova forma de um ego ideal" (Freud, 1914), podemos distinguir que se trata do que veio a ser chamado, por autores pós freudianos, de *ideal do ego*.

Embora a distinção entre os dois termos referidos, adotada por pós freudianos, não seja explícita em Freud, a distinção conceitual parece já estar presente. O termo ego ideal refere-se à idealização do ego infantil mergulhado no seu narcisismo, que se crê onipotente e perfeito; e o ideal do ego seria o ideal constituído na busca do restabelecimento de um narcisismo primeiro, ideal que se coloca como termo de comparação para o ego, e que assinala, portanto, sua distinção em relação a ele.

Nos diz Freud que a idealização é um processo que se refere ao objeto, e que, por meio dela, este objeto, sem qualquer alteração, é engrandecido e exaltado na mente do indivíduo.

Faz parte da constituição do ego, antes mesmo de se falar em superego, a apreensão de uma imagem perfeita e onipotente na qual este ego narcisicamente se vê. A ideia de espelho, trazida por Lacan, ilustra brilhantemente esta relação na qual sujeito e objeto confundem-se, travando uma relação de influências mútuas.

> A assunção jubilatória de sua imagem especular por esse ser ainda mergulhado na impotência motora e dependência da amamentação que é o filhote do homem nesse estágio de *infans*, parecer-nos-á pois manifestar, numa situação exemplar, a matriz simbólica onde o [*eu*] se precipita numa forma primordial, antes de se objetivar na dialética da identificação com o outro e antes de que a linguagem lhe restitua, no universal, sua função de sujeito.
> Essa forma, aliás, mais deveria ser designada por *[eu]-ideal*, se quiséssemos reintroduzi-la num registro conhecido, no sentido em que ela será também a origem das identificações secundárias, cujas funções reconhecemos pela expressão funções de normalização libidinal." (Lacan, J. 1998 p. 97-98)

O Eu se constrói por meio de um processo dinâmico, de influência mútua, sobre sua própria miragem, que é o Ego Ideal. Ao mesmo tempo em que ocorre um processo de identificação com o Ego Ideal, para a construção deste último concorrem recursos como as percepções do EU. O Ego Ideal é uma confluência do narcisismo parental investido na criança, "Sua Majestade o bebê" (Freud, S. 1914 p. 108), com a percepção idealizada que a criança tem da mãe. "Na fase oral primitiva do indivíduo, é quase impossível distinguir o investimento de objeto e a identificação" (Laplanche,1993).

Há, nesta fase, um estado de confusão entre o que é interno e o que é externo, devido à ausência da apreensão de um contorno definido que marque os limites, em outras palavras, que destitua o ego de sua ilusão de onipotência.

Este estado, em um certo momento, não se sustenta mais. A "admoestação de terceiros", o "despertar do próprio julgamento crítico" (Freud,1914) e a vivência do complexo de Édipo, com as limitações na satisfação que o indivíduo experimenta, destronam o ego de seu narcisismo primário.

Neste processo, a identificação com os pais opera um papel fundamental. Os primeiros objetos de investimento libidinal são os pais, o que conduz a criança ao complexo de Édipo. A renúncia da satisfação dos desejos incestuosos envolve novas identificações com os pais, pois o ego se identifica com os objetos abandonados oferecendo-se ao id como objeto. (Está sendo considerado o complexo de Édipo em suas duas versões, positiva e negativa, e a consequente ambivalência de sentimentos em relação a ambos os pais.)

> O amplo resultado geral da fase sexual dominada pelo complexo de Édipo pode, portanto, ser tomado como sendo a formação de um precipitado no ego, consistente dessas duas identificações unidas uma com a outra de alguma maneira. Esta modificação no ego retém a sua posição especial, ela se confronta com os outros conteúdos do ego como um ideal do ego ou superego. (Freud, 1923).

O ideal do ego, portanto, também se constitui por meio da identificação, como ocorre com o ego ideal. Porém, neste estágio, o psiquismo já está mais desenvolvido, capacitado a absorver influências, juízos de valores, e referências morais dos seus objetos de identificação. "O superego da criança não se forma à imagem dos pais, mas, sim, à imagem do superego deles; enche-se do mesmo conteúdo, torna-se o representante da tradição, de todos os juízos de valor que subsistem assim, através das gerações" (Freud apud Laplanche e Pontalis, 1991).

A identificação com a instância parental, cerne do ideal do ego, só cabe neste espaço que, no interior do sujeito, é estranho ao ego.

Assim como para a criança pequena a ameaça mais terrível é a perda do amor dos pais, que lhe é vital, posteriormente a grande ameaça é a retirada de amor do superego, o que deixaria o ego à mercê da destrutividade.

Embora em alguns textos Freud utilize indistintamente os termos superego e ideal do ego, há uma importante distinção entre eles. Lagache (apud Laplanche e Pontalis, 1991) estabelece uma relação estrutural entre o que considera um sistema superego e o ideal do ego: "o superego corresponde à autoridade e o ideal do ego à forma como o sujeito deve comportar-se para corresponder á expectativa da autoridade"(p. 191). Esta colocação é compatível com o ponto de vista freudiano expresso em 1933 de que o superego engloba as funções de consciência moral, auto-observação e ideal (Nasio, 1989).

Sobre a constituição do superego, Freud esclarece que não se trata apenas do resíduo das primitivas escolhas objetais do id; ele também representa a formação reativa enérgica contra essas escolhas. "A sua relação com o ego não se exaure com o preceito "Você deveria ser assim" (como o seu pai), ela também compreende a proibição: "Você não pode ser assim (como o seu pai) (...) certas coisas são prerrogativas dele" (Freud,1923).

Buscar as raízes da função inibitória, aqui já atribuída ao superego, conduz à "formação reativa", conceito do início da obra de Freud. Nos "Três ensaios..." (1905), para explicar a repressão do erotismo próprio a cada fase libidinal, necessária ao desenvolvimento das fases seguintes, Freud fala de diques formados pela vergonha, repugnância e educação e, além disso, de um contrainvestimento que reforça esses elementos encontrando neles sua expressão, isto é, da formação reativa. É por meio dela que a energia ligada à satisfação de um impulso se reverte e é empregada na contenção desse mesmo impulso.

Portanto, a quantidade de energia empregada em atitudes ou pensamentos caracteristicamente de ordem moral, de limpeza, ou quaisquer outros que se oponham à satisfação de desejos representantes da demanda pulsional é proporcional à energia vinculada a estes mesmos desejos. É por isso que a severidade do superego não reflete a severidade dos pais ou das pessoas envolvidas na educação do indivíduo, mas, sim, a intensidade da vivência dos desejos edípicos.

Desta forma fica clara a essência pulsional do superego e sua íntima relação com o id, no sentido de que ambos veiculam aspectos do mundo interno, pulsional, cuja demanda desconhece os parâmetros impostos pela realidade externa.

O superego surge de uma identificação com os pais, que são tomados como modelos, e essa espécie de identificação implica em uma defusão das pulsões. Como o componente erótico (de vida) não está mais combinado à pulsão destrutiva, esta é liberada em forma de agressividade. O superego então passa a ser a cultura da pulsão de morte, o que lhe dá seu caráter severo e ditatorial.

Mas o que demanda o superego, qual a sua função na dinâmica psíquica? O que significa a tríade consciência moral, auto-observação e ideal? Sobre o ideal, já foi dito o bastante. Resta verificar as outras duas funções.

A auto-observação nos remete a uma vigilância sempre atenta às condutas e pensamentos do ego. Posto que o superego é uma instância do próprio psiquismo, ele está sempre ali, presente, e conhece todos os movimentos do ego e suas intenções, independentemente de que se manifestem em atos ou mesmo de que se tornem conscientes.

A consciência moral se refere a julgamento, a valoração das ações ou pensamentos tendo como referência o Ideal. É ela, portanto, que determina a distância ou a proximidade entre o ego e seu Ideal e impõe seu julgamento ao ego. O amor de si ou a qualidade da vivência narcísica depende deste julgamento.

A crítica que o superego dirige ao ego assume o caráter mais severo e impiedoso, ao que o ego responde com o sentimento inconsciente de culpa e os sentimentos de inferioridade e de inadequação.

O sentimento inconsciente de culpa pode induzir o ego a buscar punição do superego ou de poderes externos, parentais ou de outros que assumem esta função. Trata-se do masoquismo do ego. Enquanto o sadismo do superego pode facilmente ser reconhecido, a tendência masoquista do ego permanece, via de regra, inconsciente. Freud chegou a ela por meio da observação clínica de dois fenômenos: a reação terapêutica negativa e o fato de que algumas pessoas, frente a situações que lhes inflige sofrimento psíquico, livram-se de seus sintomas neuróticos.

Enquanto necessidade de punição às mãos do poder paterno, o sentimento inconsciente de culpa volta a fundir-se com o componente erótico, posto que a fantasia de ser punido pelo pai corresponde à de ter uma relação sexual passiva com ele. (Freud, 1924).

O sadismo do superego e o masoquismo do ego agem de forma complementar, num mesmo sentido. Mas, para Freud, é o masoquismo que dá a característica de satisfação libidinal à atuação autodestrutiva, enquanto que a descarga superegóica expressa a pulsão de morte de forma mais pura.

A explicação freudiana de como o superego pode impelir à atuação violenta parte do sentimento inconsciente de culpa. A pessoa, tentando aplacar o sofrimento de sentir-se culpada de algo inominável, enquanto desconhecido, conduz seus atos na realidade no sentido de criar situações reprováveis. Assim, é possível não só expiar a culpa por meio de uma eventual punição, mas, também, conferir um nome, uma configuração que pareça explicar o sentimento de culpa que, na verdade, precede a ação.

Para Freud, o superego é o herdeiro do complexo de Édipo, o que equivale a dizer que é a partir da passagem pelo complexo de Édipo, com o reconhecimento de limites que a acompanha, que se pode falar em ideal de ego e em superego.

O ego, na esperança de reconstituir seu narcisismo abalado pelas alterações relacionadas à passagem pelo édipo, constrói seu projeto identificatório, cujo sentido pode ser assim expresso "você não é (o ideal), mas pode vir a ser". É só com a construção e a sustentação de um projeto identificatório que o eu suporta reconhecer-se diferente de seu ideal. O projeto identificatório nunca deve materializar-se em uma identidade plena e definitiva, pertencendo, portanto ao registro simbólico (Aulagnier, 1979, p. 154 - 155).

Birman (1994), ao tratar deste assunto, coloca que, na constituição da subjetividade, a ordem simbólica é o polo fundamental da alteridade que funda o psiquismo no registro da representação "... se o corpo pulsional representa o caos, caracterizado pela multiplicidade das pulsões parciais, a ordem simbólica é a instância legiferante que regula a anarquia do corpo pulsional" (p. 179 - 180). O autor prossegue afirmando ser fundamental a consistência da ordem simbólica para permitir que o sujeito se constitua como projeto identificatório. Diz ainda que,

> ...esse projeto é a resultante da inscrição das pulsões no universo da representação, pela mediação da ordem simbólica, tendo como cenário constitutivo a relação do sujeito com o Outro e os objetos de satisfação oferecidos pelo outro no circuito da pulsão (p. 180).

Este autor considera que a não consistência da ordem simbólica que sustenta o projeto identificatório pode levar o psiquismo ao limite de colapso, condição de possibilidade para a explosão de violência. Desta forma, nas personalidades caracterizadas pela dominância de comportamentos maciços de passagem ao ato, o que indica uma fragilidade do projeto identificatório, o exercício da violência concreta sobre o corpo do outro é a única forma que o sujeito dispõe para se referenciar pela especularidade e pela dominação brutal da subjetividade do outro. Nesta situação, esta seria a única saída para a sobrevivência narcísica do corpo, para o sujeito não sucumbir no que o autor chama de mortificação masoquista.

Claude Balier (in Gabel, M., 1997) escreveu sobre pessoas que cometem abusos sexuais e, ao traçar um perfil referente a alguns autores deste tipo de abuso, faz colocações bastante próximas ao que estamos tratando. Ele fala de uma organização psíquica na qual o ato violento explode periodicamente para resolver uma angústia habitualmente contida pela clivagem, isto é, por uma divisão do ego.

> O que está em questão, no cerne desta angústia, é o ressurgimento de um estado já vivido de impotência total, que faz nascer, num movimento de identificação primária, a visão da criança em determinada situação. Para não ficar reduzido a reviver esse ato de impotência, de inexistência, é preciso urgentemente se afirmar no poder absoluto, reduzindo o outro ao estado de coisa. Isso, evidentemente, exige a supressão de qualquer empatia, e torna explicável a atrocidade (p. 116).

O que se está falando aqui é de uma situação na qual o sujeito sente-se ameaçado na sua existência psíquica. Trata-se de uma espécie de colapso na sustentação do narcisismo, entendido como possibilidade de um autorreconhecimento e investimento do ego enquanto unidade coesa. Nesta situação, o ato violento, que pode ser um abuso sexual, assumiria a função de restituir algum reconhecimento especular à pessoa, na medida em que ela é autora, sujeito de uma ação.

Na análise de famílias atendidas no CEARAS encontramos este tipo de vivência. Para maior clareza, será apresentada uma ilustração com dados fictícios, mas verossímeis. Desta forma é possível evitar a exposição de ex-pacientes do CEARAS e, ao mesmo tempo, possibilitar uma compreensão, ao leitor, do tipo de constelação emocional a que me refiro. A ocorrência de um abuso incestuoso resulta da conjugação de diversos fatores na dinâmica familiar. No entanto, podemos fazer recortes que enfocam a questão a partir de diferentes aspectos. Neste sentido, um exemplo construído de forma a reproduzir de alguma maneira algumas características observadas em famílias atendidas, no qual se destacam traços do funcionamento mental de um dos personagens, pode servir como ilustração. O relato que se segue enfoca questões relativas ao pai da família, no caso, autor de abuso sexual contra sua filha. Imagine-se uma família na qual o pai assume ter cometido abuso sexual contra sua filha. Diferentemente do que ocorre na maioria das famílias atendidas, nesta, o abuso sexual teria consistido em poucos episódios. O pai (P.) teria como traço ser empreendedor e bastante ambicioso. Poderia haver nele uma tendência a perceber as pessoas de forma idealizada, expressa na maneira como se referiria a terceiros: algumas pessoas poderiam ser enaltecidas em demasia, a outras poderia dirigir uma crítica corrosiva. No relacionamento conjugal sua tendência à crítica destrutiva seria mais exacerbada, denotando o quanto poderia ser ameaçador, para ele, entrever a possibilidade de sua esposa ter mais sucesso do que ele, ou de ver-se em uma posição de dependência na relação com ela. Outro aspecto importante seria uma tendência a atuações violentas, em especial ligadas a situações em que predominassem vivências de desamparo. O abuso viria então a ser cometido em um momento de crise, como da perda de um emprego, momento no qual vários projetos pessoais e profissionais teriam sido abandonados por terem fracassado. Na mesma época, a esposa de P. recebe uma proposta de trabalho, o que, para ele, devido a aspectos de seu funcionamento mental, representaria mais uma ameaça do que algo bom. Neste panorama, P. se veria sem perspectivas, sem função, destituído de seus papéis e perdido. Algo terrificante e insustentável para ele.

A conjugação destes fatores estaria na base do ato violento cometido contra sua filha, que assumiria a forma de um ataque sexual.

Seguindo o pensamento a respeito de ideal de ego e formação de identidade, já no campo das consequências de um abuso sexual, podemos pensar algo sobre as dificuldades experimentadas por quem passa por esta experiência.

Discorrendo sobre saúde mental e educação, Costa (1984) coloca a noção de tipo ideal, que trata de uma representação socialmente compartilhada que serve de referência, no processo de educação, para que se considere, por exemplo, uma criança como um bom filho, ou uma boa filha, uma mulher, uma boa esposa, uma boa mãe e um homem um bom marido, um bom pai. São representações que contêm predicados emocionais variados, consensualmente definidos e estabelecidos para cada grupo social. Segundo o autor, a única ruptura possível da norma assim colocada consiste na elaboração de outro tipo ideal também socializado ou socializável e, consequentemente, normalizador. Costa prossegue dizendo que a violência simbólica, presente na educação em função de seu aspecto normalizador, preserva no indivíduo a capacidade de reconhecer em alguns tipos a referência que torne "natural", lógico, aceitável, significativo, seu universo de experiências emocionais. Por alienante que seja, ela sempre remete o indivíduo ao mundo das significações coletivas, à lógica do discurso cultural.

Diferente disto é o que ocorre por vezes no âmbito familiar, quando as interações assumem um caráter patogênico, o que leva, obviamente, a criança a construir um comportamento desviante com relação ao tipo ideal.

Podemos considerar que, nas famílias em que o incesto é cometido, as interações emocionais são patogênicas no sentido colocado por este autor, afastando o comportamento da criança de um "tipo ideal" socialmente compartilhado. Desta forma, para pensar nas repercussões do incesto, vale a pena citar o que Costa diz a respeito da interação emocional familiar de caráter patogênico.

No entanto, este é seu aspecto mais acidental. O fundamental nesta relação é seu poder de excluir do horizonte psíquico da criança o acesso a um tipo ideal, qualquer que seja ele. *O específico da psicopatologia reside na incapacidade que tem o sujeito de construir ou se apropriar de objetos socializados*. A interação emocional patogênica impede o sujeito de formular projetos satisfatórios porque neles há sempre um pressuposto incompatível com os universais da cultura em questão. A privatização do real, socialmente definido, levada a cabo pelo "educador", faz com que o indivíduo não consiga inscrever suas experiências emocionais no conjunto de representações socializadas, posto à sua disposição pela cultura. O sofrimento mental psicopatológico tem origem nesta "ausência de sentido" do vivido e não no puro conflito com o Tipo Psicológico Ordinário. O distúrbio mental existe quando as representações de que o indivíduo dispõe para sentir e pensar sua identidade ou as causalidades e finalidades de seus projetos e emoções não se articulam em nenhuma rede de significados presente em sua consciência socializada. (Costa, 1984, p. 77)

Na psicoterapia de algumas das adolescentes e crianças atendidas no CEARAS em função da ocorrência de incesto podemos observar este aspecto apontado por Costa, que pode associar-se a diversas manifestações de caráter depressivo, como vergonha, baixa autoestima, considerar-se suja, entre outras. Herman (1981), em seu livro "Father - Daughter Incest", entrevista muitas mulheres que sofreram este tipo de abuso, e transcreve numerosos relatos nos quais são evidentes sentimentos relacionados ao mecanismo psicológico explicado. São exemplos: "eu sentia que ninguém iria querer uma garota que teve algo errado como eu"; "eu não sou nada além de uma prostituta vestida e pequena"; "eu me sinto suja por dentro"; "eu sentia que a relação com meu pai era errada e isto coloria toda a minha vida. Eu vivia me sentindo má e sem valor para ter uma vida normal" entre outros.

Também pode ocorrer que se manifeste o oposto, uma forma triunfante de lidar com esta mesma angústia, que se expressa em pensamentos do gênero: "Por ser tão diferente, eu devo ser muito especial(...) muito superior a qualquer um"

(p. 97). O que pode alimentar tais sentimentos é a satisfação de natureza narcísica que a menina pode experimentar por ser "a escolhida" pelo pai e por ter com ele acesso a um prazer proibido. Este pode ser um fator de envolvimento que fortalece o vínculo incestuoso pela cumplicidade.

Um aspecto especialmente importante na vivência da menina que sofre um abuso incestuoso refere-se ao ódio que esta situação pode despertar nela. Pode ser muito doloroso e difícil perceber-se capaz de dirigir um ódio muito intenso a alguém, em especial, a um pai. Esta experiência pode desencadear uma autorrecriminação severa da menina por sentir a si própria como uma pessoa inundada pelo ódio e pela destrutividade.

O abuso sexual tem como especificidade o uso da sexualidade propriamente dita. Isto nos faz pensar no papel desempenhado pela sexualidade neste contexto de violência, posto que o fator principal de um abuso cometido por uma pessoa do perfil aqui estudado é a violência enquanto sujeição do outro, como forma desesperada de se deslocar da posição de total impotência para a de uma onipotência destruidora. O conceito psicanalítico de perversão faz esta articulação. Veremos então algo sobre os mecanismos da atuação perversa.

Stoller, em seu livro "Perversion: the erotic form of hatred[1]" (apud Ferraz, 2001), coloca que a perversão decorre de um trauma sexual infantil, e que a função da cena de caráter erótico montada pelo perverso é refletir a situação traumática vivida. O trauma referido é sexual, vivido no corpo ou na identidade de gênero. A vida sexual do perverso, segundo Stoller, gira em torno da angústia ligada a este trauma, isto é, da ameaça à identidade sexual, o que coloca a perversão como um produto da ansiedade.

1 London, Karnak Books, 1986, 240p- edição americana original de 1975. Apud Ferraz, F.R.C. Percurso 26-1/2001 p. 121 a 124)

Para Stoller, a hostilidade em relação ao objeto é a característica central do ato perverso, e a perversão é definida como o resultado do interjogo essencial entre hostilidade e desejo sexual. A hostilidade assume uma forma de vingança escondida em ações que a dissimulam. A satisfação sexual decorre da conversão de um trauma infantil em um triunfo adulto. A cena é uma repetição, mas com desfecho favorável para o sujeito, na medida em que ele se desloca da posição de passividade e submissão para a de atividade e poder sobre o outro.

A ansiedade que move o ato perverso refere-se à identidade ameaçada, em especial no que diz respeito ao gênero, e à manutenção da possibilidade de obter satisfação sexual, o que também se apresenta sob ameaça, em decorrência do trauma sexual.

A visão de Stoller a respeito da perversão revela-se bastante próxima do enfoque exposto a respeito do ato violento como o resultado de um colapso narcísico. No entanto, nela, a questão da sexualidade ganha uma posição central por considerar que o que está em jogo são a identidade sexual e a possibilidade de obter prazer. Considerando que alguns autores de abusos sexuais têm perfil perverso segundo esta acepção do termo, a etiologia em questão remeteria, aplicando o pensamento de Stoller, a um trauma sexual.

Dentre as famílias atendidas no CEARAS há autores de abuso sexual incestuoso nos quais podemos observar alguns aspectos que podem ser relacionados às colocações de Stoller.

Algumas características podem ser enunciadas, embora isto traga o risco de simplificações. Por vezes, o incesto é referido por seu autor como a única saída possível para ter alguma atividade sexual. Isto chega a ser colocado com expressões do tipo: "o que eu ia fazer? Procurar fora (da família) está errado."; ou, mais comumente, quando o incesto pode não ter sido assumido por seu autor, a análise pode descortinar conflitos e dúvidas no que se refere à identidade sexual, como tendências homossexuais latentes despertando ansiedade de caráter persecutório e necessidade de confirmação da masculinidade associada com dificuldades de estabelecer contato com mulheres. Nestes casos, geralmente, a relação entre o casal parental é afetivamente empobrecida.

Outra ilustração baseada na experiência do CEARAS é de um pai que tenha como forma de apaziguar sua ansiedade e sua angústia a estimulação sexual. A erotização assume um caráter compulsivo, uma vez que apenas no estado de excitação sexual é possível dissipar o nível ameaçador de angústia experimentado. Podemos relacionar a etiologia desta angústia às considerações de Stoller.

O tema do incesto nos remete ao estudo amplo e pormenorizado do funcionamento mental como um todo. Neste capítulo o tema foi focalizado a partir de alguns conceitos da psicanálise, em especial de narcisismo e de superego. O próximo capítulo consiste no desenvolvimento de um pensamento e na construção de hipóteses teóricas para observações e questões derivadas da prática de atendimento a situações de incesto. O texto não é conclusivo; em vez de oferecer respostas, ele abre vias de reflexão para o leitor.

5
COMPLEXO DE ÉDIPO E INCESTO: REFLEXÕES SOBRE O INCESTO À LUZ DA PSICANÁLISE

Os termos *Édipo* e *incesto* estão intimamente relacionados. Na configuração do complexo de Édipo estão os impulsos e as fantasias sexuais incestuosos, e a interdição de sua realização, representada pela situação de triangulação. A elaboração do complexo de Édipo diz respeito à forma como lidamos com aspectos da realidade psíquica como desejos e limites, para os quais o paradigma é o desejo sexual incestuoso, conforme foi discutido no capítulo em que escrevo sobre a formação do superego.

A articulação dos dois conceitos em questão é bastante complexa, mais ainda quando pensamos no incesto consumado. A prática de atendimento a famílias com ocorrência de incesto mostra uma enorme variabilidade de formas de organização psicológica nas pessoas que têm em comum a experiência do relacionamento incestuoso, descartando qualquer articulação simplista que coloque em relação direta a vivência incestuosa concreta e a impossibilidade de elaboração do complexo de Édipo, com seus desdobramentos, como a formação do superego. Não é possível, nesse tipo de estudo, estabelecer relações de causa e efeito entre características psicológicas que possam ser observadas e a experiência de incesto, como seria qualificar determinada característica de causa ou de efeito do incesto, no entanto é de interesse estudar a dinâmica presente nesta relação.

A experiência pessoal, seu significado e seus desdobramentos são diferentes para cada pessoa que vive a situação da consumação do incesto.

A organização psíquica, que está em constante desenvolvimento, de forma mais acentuada em se tratando de crianças, é um fator determinante no modo de inserção da criança ou adolescente na situação do abuso sexual incestuoso e na maneira como a experiência é vivida e registrada. Mesmo a memória, os sentimentos e os efeitos ligados a esta experiência são passíveis de adquirir significados pessoais diversos em diferentes momentos, devido ao próprio desenvolvimento ou por associação com novos dados. Em função destas mudanças na conotação pessoal de um evento, um fato inicialmente anódino pode receber uma nova configuração a que corresponde uma grande intensidade psíquica, originando um trauma. Por outro lado, esta mesma possibilidade de mudança, quando se dá no sentido favorável a uma maior integração, corresponde ao trabalho de elaboração psíquica.

Para a psicanálise trauma é o

> acontecimento da vida do indivíduo que se define pela sua intensidade, pela incapacidade em que se acha o indivíduo de lhe responder de forma adequada, pelo transtorno e pelos efeitos patogênicos duradouros que provoca na organização psíquica. Em termos econômicos, o traumatismo caracteriza-se pelo afluxo de excitações que é excessivo, relativamente à tolerância do indivíduo e à sua capacidade de dominar e de elaborar psiquicamente estas excitações. (Laplanche, J. e Pontalis, J. B.,1991, p. 678)

Desta forma, o trauma corresponde ao material psíquico referente a uma experiência vivida concretamente ou em fantasia, cuja assimilação e elaboração não se fizeram possíveis. Do ponto de vista da economia libidinal, esta impossibilidade deve-se à dimensão do afluxo de excitação despertado, que ultrapassa a capacidade de elaboração do indivíduo.

Neste sentido pode-se dizer que o abuso sexual incestuoso, conforme atesta a clínica, é uma ocorrência com grande potencial traumático. Sua dimensão traumática, no entanto, é bastante complexa, pois abrange a sexualidade da criança, sua fantasia, seus referenciais simbólicos, o que não é abarcado pelas explicações a respeito do aspecto econômico do aparelho psíquico.

Cabe então realizar algumas considerações a respeito da participação de crianças no contexto de incesto a partir da psicanálise e da clínica. Freud (1905) afirmou que a sexualidade infantil é "perversa e polimorfa", o que implica em dizer, em primeiro lugar, que a criança dispõe de sexualidade. "Perversa" aqui refere-se à sexualidade cuja satisfação não se vincula à relação genital propriamente dita, mas sim à satisfação de impulsos não integrados, derivados das pulsões parciais, ou ligados ao "prazer de órgão", ou seja, à estimulação direta de órgãos do corpo. "Polimorfa" significa de múltiplas formas, o que, em se tratando da sexualidade, equivale a dizer que, em função de sua plasticidade, a sexualidade pode ser estimulada, expressa ou satisfeita das mais variadas formas, o que lhe permite vincular-se a uma gama enorme de situações.

Desta forma a sexualidade da criança, por suas características, pode ser facilmente estimulada e envolvida pela situação incestuosa. O prazer experimentado assim constitui-se em um elemento cujas repercussões na dinâmica do abuso sexual são muito complexas.

O sentimento de que se trata de uma situação proibida pode estar presente ou não, dependendo de diversos fatores; e, caso não esteja, no momento em que esta percepção se instaura, a configuração psíquica da experiência altera-se, mesmo que se trate de algo ocorrido no passado. Se, por um lado, na situação do incesto há uma experiência de gratificação e, por outro, a noção de que se trata de algo proibido, recriminável, o resultado é uma vivência de ambivalência que pode em alguns casos originar intensos sentimentos de culpa. É possível que isto contribua para um certo grau de identificação com o agressor ou, ainda, que favoreça uma associação entre o erotismo e situações que representem algum risco pessoal, de forma masoquista.

Quando existe no próprio ego, pelo seu desenvolvimento, uma condenação ao incesto, o prazer sexual despertado na relação incestuosa pode representar uma ameaça para o funcionamento psíquico, na medida em que as defesas psicológicas não parecem capazes de conter, isto é, reprimir o afluxo de excitação.

Se, além disto, pensarmos nestas implicações levando em conta a dimensão da fantasia, do complexo de Édipo, então há muito mais o que analisar. Bollas (1992) trata desta questão em seu texto "O trauma do Incesto". Segundo este autor a experiência incestuosa tem efeito extremamente nocivo sobre a capacidade de fantasiar, associando grande ansiedade às atividades de fantasia e de pensamento. Isto porque, considerando as fantasias inconscientes de caráter incestuoso, comuns às meninas, o fato do pai, protagonista de fantasias sexuais, se aproximar da menina colocando-se como objeto sexual, é vivido como um desnudamento da fantasia e uma invasão do mundo mental. Para Bollas (1992), a fantasia, com todos os recursos inconscientes de deslocamento e de condensação, ao oferecer um meio de representação, deveria ser um término aliviador no percurso da pulsão. No entanto, quando o pai se aproxima, é como se o objeto da fantasia se presentificasse dizendo: "estou aqui para usar seus desejos para mim", o que se constitui em uma reversão topográfica da vida instintual. Neste momento, o que deveria ser o final da jornada de um impulso transforma-se em um contramovimento de excitação descontrolado, que se dirige para trás, isto é, a partir da representação simbólica para a apresentação mental, para o soma (p. 195).

Uchitel (2001), ao discorrer sobre a violência do abuso sexual incestuoso, faz referência ao conceito de Freud de *sinistro*, que se refere á sensação experimentada em uma situação que, ao mesmo tempo em que parece nova, é estranhamente familiar, em outras palavras, uma experiência que torna manifesto o que deveria ficar oculto e secreto.

O efeito da vivência de *sinistro* é perturbador, o que equivale a dizer que se trata de um acréscimo de excitação para o aparelho psíquico, afigurando-se como uma demanda de elaboração.

Embora, evidentemente, qualquer situação de incesto entre pai e filha tenha gravidade em termos da organização psíquica, seus efeitos e os fatores determinantes para que ela ocorra variam muito. A imago de pai, isto é, a representação psíquica que se tem do pai, fundamental na estruturação psicológica, não corresponde ao pai concreto, mas apoia-se em alguns aspectos deste. Da mesma forma podemos dizer que tudo o que se entende por função paterna, no que diz respeito à interdição dos impulsos e à possibilidade de estruturação do superego, não é necessariamente desempenhado de forma exata ou exclusiva pelo pai, no entanto, é inegável sua relação com o mesmo. Deste modo, a experiência do incesto com o pai pode ter grande influência no desenvolvimento da personalidade e a gravidade de suas repercussões dependerá de diversos fatores.

Além deste prejuízo da figura do pai como um referencial para a construção de imagos ligadas à autoridade e do próprio superego, a criança está sujeita ainda a uma confusão na definição de seu papel no núcleo familiar, o que é a base da construção da identidade. A menina passa a desempenhar, ao mesmo tempo, as funções de filha e de esposa, de irmã e de mãe de seus irmãos, o que significa uma perda, significa não estar de fato em nenhum destes lugares definidos na cultura.

Esta dimensão da impossibilidade de inscrição da experiência na ordem simbólica socialmente definida, o que pode dificultar a sustentação interna de um projeto identificatório, é apontada de outra forma, como um trauma, por Uchitel (2001). A autora coloca que a significação que o sujeito atribui à sua experiência vincula-se à atribuição de sentido que o 'social' faz da mesma. Desta forma, quando há, por parte da criança, a compreensão da ocorrência de um abuso sexual cometido por uma das figuras parentais, este sempre terá uma dimensão traumática, que pode ou não se perpetuar como trauma dependendo da capacidade elaborativa do sujeito. Isto por que se trata da violação de uma lei que tem como consequência tirar o sujeito "...de um lugar de direito (o de filha ou de criança, por exemplo), colocando-o num outro, de insegurança, de não identidade", o que produzirá no sujeito profundas desorganizações (p. 30).

Ferenczi é um autor que se dedicou a elucidar os mecanismos presentes na configuração do trauma e, para isso, fez referência à situação de abuso sexual cometido por um adulto contra uma criança. A experiência do abuso sexual apresenta-se como uma quebra de confiança e é uma experiência avassaladora para a criança. Pinheiro (1998) explica que Ferenczi utiliza o termo introjeção de diversas formas, e uma delas refere-se especificamente à possibilidade de conferir sentido ao vivido. Após sofrer abuso sexual, a criança tenderia a buscar o apoio de um adulto de sua confiança, relatando o ocorrido. O autor observa que nessas situações ocorria com frequência de o adulto não acreditar no relato da criança, equiparando-o à mentira ou à fantasia. Este adulto em quem a criança confia e que representa, para ela, a "instância encarregada de fazer a triagem das experiências do mundo externo" (p. 82), ao desmentir o que escuta, faz que com que a criança fique confusa e duvide de sua própria percepção e de si mesma. Este desmentido seria um dos fatores agravantes para a configuração da situação traumática e impediria a introjeção, isto é, bloquearia a atribuição de sentido à experiência vivida. Assim, a experiência e tudo a ela relacionado ficariam relegados ao campo da incomunicabilidade e do isolamento, o que corresponde a uma clivagem do próprio ego da criança.

Entre as meninas e adolescentes com quem tive contato no CEARAS havia algumas com sérias dificuldades de envolvimento emocional, que não se mostravam capazes de um contato afetivo. Parecia que a intimidade ou a afetividade delas era absolutamente inacessível, e, em seu lugar, permanecia uma personagem de uma meiguice artificial e estereotipada. Esta característica pode refletir um distúrbio de personalidade, como fica especialmente claro no caso de uma adolescente atendida no CEARAS. Entrevistar esta moça desperta sentimentos contraditórios. Enquanto ela conta uma série de atrocidades pelas quais supostamente passou, com a clara intenção de despertar compaixão, ela mesma não parece sensível ao seu relato. Ele soa falso, mesmo que eventualmente não o seja. A impressão é de que a intenção do ato de falar é despertar determinados sentimentos no interlocutor, e que, para isto, pode-se falar qualquer coisa. Relacionando esta questão ao abuso, o que se manifesta como uma dificuldade de acesso a afetos mais genuínos pode expressar uma clivagem psíquica eventualmente ocorrida a partir da situação de abuso, operando como uma defesa contra o sofrimento vivido.

Um caso diferente, mas que também aponta para uma precária integração afetiva interna, é o de uma menina que, em entrevista individual, ao ser indagada sobre como seu pai 'era' com ela, responde que ele era muito bom. No entanto, tudo que ela segue relatando sobre seu contato com ele denota situações que ela reconhecia como maus tratos, e ela não estabelece qualquer relação ou contradição entre ser bom pai e as atitudes dele por ela relatadas.

É importante ressaltar que estas características não são constantes nos diferentes casos. Muitas meninas estavam distantes deste quadro, apresentando seu mundo mental muito mais integrado no que se refere à afetividade; suas dificuldades podiam ser as mais diversas, mas de outra ordem.

Diversos autores apontam diferentes elementos ou aspectos do que podemos chamar de um prejuízo na capacidade de integração de conteúdos mentais que decorre da experiência de incesto, e que pode ter relação com estas observações clínicas. Coloco a seguir algumas destas formulações com o intuito de buscar uma articulação que enriqueça a compreensão da questão.

Ferenczi (1992), ao falar da situação de choque emocional sofrido pela criança em decorrência de um abuso sexual cometido por um adulto, coloca que a criança identifica-se com o agressor, adivinhando e respondendo às suas vontades. Ela reagiria, então, conduzida por uma espécie de mimetismo, de forma autoplástica, complementando o desejo do adulto. Este seria, segundo o autor, o modo de funcionamento de um autômato, no qual operam apenas id e superego. Embora possa chamar a atenção a citação do superego como instância ativa neste tipo de situação de abuso, se considerarmos que a autoridade moral para a criança pode ser representada pelo adulto em questão, o superego da criança estará aderido e identificado com os desígnios colocados por ele.

Ferenczi acrescenta que: "... não existe choque, nem pavor, sem um anúncio de clivagem da personalidade. A personalidade regride para uma beatitude pré- traumática, procura tornar o choque inexistente..." (p. 104). Os fragmentos clivados se comportariam como personalidades distintas, que não se conhecem umas às outras. Em decorrência da impossibilidade de integrar a experiência, como foi dito, o ego sofre uma clivagem.

Shengold (1989) é um psicanalista com larga experiência no estudo dos efeitos da violência incestuosa no psiquismo das crianças. Uma de suas colocações é a respeito do que chama de "vertical splitting". O autor coloca que só é possível para a criança suportar situações de intenso desprazer mantendo a esperança de que um bom pai (ou mãe) possa vir em algum momento resgatá-la do sofrimento. Para este autor, o que mantém a criança viva é a esperança de que a experiência de dor possa ser transformada em uma situação de amor, ou seja, a manutenção de uma imagem mental de um bom pai. A outra alternativa, que seria manter uma imago parental má, corresponderia ao aniquilamento do sentimento de identidade da criança. Este autor explica que, se o genitor que é evocado pela criança na busca de alívio é o mesmo que lhe inflige maus tratos, o que é sentido como mau, deve, então, ser registrado como bom, o que se dá por meio de uma operação de fragmentação mental, de um "splitting". Para o autor, o que aparece às vezes como compulsão à repetição por parte da criança em relação à situação de abuso sexual, e que também se manifesta como a mais forte resistência à terapia, é uma desesperada luta para encontrar uma manifestação de amor em cada reencontro com o pai abusador, a tentativa de que uma imago positiva do pai possa afirmar-se em ação, e manter, portanto, a esperança (p. 26).

Este "vertical splitting" não se caracteriza como um mecanismo neurótico ou da esquizofrenia, mas um processo mais destrutivo de fragmentação por meio do qual registros contraditórios do que é bom e do que é mau não podem colidir. Shengold caracteriza o resultado deste processo como lavagem cerebral ou auto-hipnose: algo que permite à pessoa sustentar duas versões contraditórias dos fatos e acreditar nas duas (p. 27). Este parece ser o caso da menina que ao mesmo tempo considera seu pai bom e avalia como maus a maioria de seus atos para com ela. Isto sem denotar qualquer conflito, ou seja, sem falar de qualquer atitude ou fato positivo em relação a ele.

A sustentação simultânea de duas atitudes contrárias mantidas distantes, sem estabelecer entre elas uma relação dialética, que é o que se verifica nestas situações, é o propósito e o resultado da clivagem do ego conforme descrita por Freud (apud. Laplanche e Pontalis, 1991)

Summit (1983) utiliza uma terminologia diferente da de Shengold, mas suas observações parecem ter importantes semelhanças. Summit coloca que, como a criança necessita estruturar sua realidade para proteger o pai, ela utiliza mecanismos que a possibilitam manter áreas (pockets) de "sobrevivência onde a bondade e a esperança encontrem um santuário" (p. 185). Estes mecanismos podem incluir a criação de companheiros imaginários, o desenvolvimento de 'múltiplas personalidades', ou, ainda, a criação de estados alterados de consciência em que a criança se dissocia de sua experiência corporal, como se olhasse à distância a si própria sofrendo o abuso. O autor salienta que os mesmos mecanismos que permitem a sobrevivência psíquica da criança são, na fase adulta, impedimentos para uma efetiva integração psicológica.

Freud trata da questão em "A divisão do ego no processo de defesa" (1940), fazendo uma exposição de uma situação de conflito vivida por um menino para a qual a "solução" encontrada traduz-se em uma conduta em que duas tendências contraditórias expressam-se lado a lado, uma em favor do instinto, recusando um aspecto da realidade e, a outra, assumindo o conhecimento do referido aspecto da realidade. O preço deste mecanismo, afirma Freud, é "uma fenda no ego, a qual nunca se cura, mas aumenta à medida que o tempo passa." (p. 309).

Uchitel (2001) destaca a clivagem do ego ao falar sobre trauma. Para a autora, os ingredientes para o trauma são: o desamparo, a excitação excessiva, a clivagem no interior do ego e a inoperância da representação da fantasia e do recalcamento para ligar o estímulo, ativando defesas mais primitivas (p. 125).

Uchitel prossegue escrevendo sobre a clivagem de forma a esclarecer a relação entre esta, que caracteriza a condição perversa, e o mecanismo subjacente ao trauma.

> A reação ao trauma encontra também parentesco com a reação perversa: com a recusa e o reconhecimento. A clivagem no interior do ego, característica da condição perversa, é similar à operada contra a dor, a ansiedade e o perigo do trauma. Quando

> esta ameaça ataca e não é possível fazer-lhe frente com recursos simbólicos, seja por que inexistem, seja por que ante o impacto falham, as defesas que aparecem são mais drásticas. Como na perversão, o trauma não anula a percepção, mas não se inscreve simbolicamente (p. 119 - 120).

A 'recusa' da inscrição simbólica de determinada percepção caracteriza o funcionamento perverso, sendo que esta percepção é mantida em algum registro mental. Duas versões contraditórias convivem lado a lado, induzindo o sujeito à conduta perversa, que representa uma tentativa de reverter a situação traumática conferindo-lhe outro desfecho, o que corresponderia a tentar negar em ato aquela percepção cuja inscrição no registro simbólico não pode ser feita. Stoller (apud Ferraz 2001) aponta nesta direção ao colocar a perversão como fruto da ansiedade, resultante de um trauma na identidade sexual do sujeito.

A partir de outro ângulo Furniss (1993) estuda como a experiência de abuso sexual incestuoso envolvendo uma criança, com sua característica de segredo, pode constituir-se em algo dissociado, como uma lacuna, no desenrolar de acontecimentos corriqueiros, e a dificuldade de elaboração psíquica da experiência que, a partir desta dissociação, confunde, parecendo uma "não realidade". Para o autor, isto que seria uma anulação da experiência se dá em três níveis: 1- pelo contexto em que ocorre o abuso, que se refere a um controle sobre a realidade perceptual que objetiva negar a magnitude dos aspectos sexuais envolvidos na interação. A exigência de silêncio ou de escuridão podem ser exemplos de fatores envolvidos na criação de contextos assim; 2- pela transformação da pessoa que abusa em 'outra pessoa', que consiste em agir de um modo alterado em relação ao normal, como se fosse outra pessoa, alterando tom de voz, gestual, padrão de ação e de linguagem, aspecto que geralmente as crianças descrevem referindo alterações na expressão facial; 3- através de rituais de entrada e de saída da situação. Estes rituais têm importância central no aspecto interacional estudado. Por meio deles a pessoa que comete abuso 'transforma-se' em outra pessoa e a experiência é isolada no aspecto temporal do resto dos acontecimentos. O autor coloca que,

> O espaço de tempo completo entre o exato início do ritual de entrada e o exato final do ritual de saída marca o período de tempo do abuso sexual. Depois do abuso, a pessoa que o cometeu e a criança cortam fora de sua realidade mutuamente reconhecida, o período de tempo e a experiência entre os rituais de entrada e saída, como se aquilo nunca tivesse existido. Eles se tornam as unidades de quinze minutos perdidas e dissociadas na vida da criança.
>
> Por exemplo, um pai recebe em casa a criança que volta da escola, dizendo "oi, como foi a escola?". Ele então pode iniciar o ritual de entrada e acontece o abuso sexual, terminando no ritual de saída. Ele então pode se voltar para a criança como se tivesse acabado de dizer "oi, como foi a escola?", e falar "agora vá fazer seu tema de casa", fingindo para ele próprio e para a criança que entre o primeiro "oi, como foi a escola?" e o bem posterior "agora vá fazer seu tema de casa" nenhum tempo se passou e nenhum abuso sexual ocorreu.. É como se as duas frases tivessem seguido uma a outra diretamente, sem nada entre elas... (p. 33)

Estas observações de Furniss dizem respeito a um padrão de comportamento presente na interação entre o adulto e a criança em alguns casos de abuso sexual incestuoso. Trata-se de observações importantes na medida em que elucidam um tipo de situação que em alguns casos repete-se inúmeras vezes na vida de uma criança, podendo ter efeitos extremamente perturbadores para sua integridade psicológica, além do fato de enfraquecer as possibilidades de defesa da criança, uma vez que os referenciais em que ela baseia sua experiência são contraditórios.

Esta negação que encobre a realidade da experiência do abuso sexual favorece a instauração de um padrão de funcionamento psicológico no qual aspectos da realidade podem ter sua veracidade questionada. Desta forma, aspectos contraditórios da realidade podem manter-se apartados, com vida independente no registro psíquico, o que tem como corolário uma clivagem no próprio ego.

A clivagem do ego, ou colocado de forma mais genérica, o prejuízo da capacidade de integração do mesmo pode, portanto, estar relacionado à experiência de violência sexual incestuosa. Embora este traço não seja observado em uma proporção grande de casos, é presente em várias das crianças e adolescentes que passaram por esta experiência, e trata-se de uma característica muito importante, com sérias e duradouras repercussões para o funcionamento psíquico como um todo. A instauração de um padrão de funcionamento mental com características perversas colabora ainda para a repetição de situações de violência de uma geração à seguinte.

Fuks (1998) faz colocações interessantes sobre alguns fatores que influenciariam a conduta de abuso sexual. Baseada em observações de autores britânicos (Glaser e Frosh[2], membros do Lewisham and North Southwark Child Sexual Abuse de Londres), a autora afirma que pode haver uma participação de aspectos sócio-culturais na configuração de um quadro psicológico que favoreceria a ocorrência de comportamentos de abuso sexual. A associação da masculinidade a uma postura que valoriza a rivalidade e opõe-se à intimidade e a identificação da emoção como um traço feminino fazem com que o sexo se frature, traduzindo-se em atividade do pênis mais do que em encontro. A conquista sexual passa a ser tomada como símbolo da potência masculina. Fuks conclui que há uma relação entre esta concepção de masculinidade e o abuso sexual, sendo o abuso geralmente inerente a um tipo de personalidade que rejeita a intimidade, e "... o sexo como triunfo transforma-se facilmente em sexo como rejeição e degradação do outro." (p. 122).

Este fator cultural apontado por Fuks favorece que a atitude violenta, que emerge como reação a sentimentos de angústia ou ansiedade relativos à própria identidade ameaçada, se expresse pela submissão do outro em um ato sexual violento.

2 Glaser, D. ; Frosh, S. *Abuso Sexual de niños*. Buenos Aires. Editora Paidós. 1997. p. 41. Apud: Fuks, 1998.

Racamier (apud Decobert, 1997 e Catoire, 1999) postula o conceito de "incestual", que se refere ao clima que pode reger relacionamentos familiares pautados pela perversão narcísica, e que, segundo este autor, podem de fato conduzir à atuação incestuosa propriamente dita. Para Racamier, a atividade de fantasia relativa ao complexo de Édipo fica impedida nessa situação, dando lugar ao ato. Este autor cria a expressão "antédipo" para referir-se ao que ocorre no clima que ele define de "incestualidade", explicando tratar-se do oposto do Édipo em diversos aspectos. A função do "antédipo" é, por meio da negação das origens e da diferenciação entre gerações, não permitir o acesso à triangulação edípica.

Segundo escreve Catoire (1999), em texto sobre as ideias de Racamier, este autor constrói uma mitologia das origens na qual coloca a sedução narcísica na díade mãe-bebê. Trata-se de um cenário de sedução mútua que visa à união e à neutralização, ou mais, à extinção de qualquer excitação de origem externa ou pulsional e, enfim, a colocar fora de circuito a rivalidade edípica. Coloca ainda que a força libidinal que alimenta esta sedução é narcísica:

> São forças de atração centrípetas que estão no cerne da relação de sedução narcísica, mas estas não são suficientes. Outras forças associam-se estreitamente: a atração de objeto, o apelo das percepções, a excitação sexual e sensorial, o mundo objetal e o espectro da separação (p. 83 e 84).

Para Racamier, o sexual objetal é uma força que ameaça romper a união narcísica, e o incesto é uma maneira de desviar o sexual e de fazê-lo trabalhar a serviço de uma unidade narcísica. Assim, o abuso sexual é uma decorrência do abuso narcísico. Depreende-se, então, que a violência consiste em impedir que os filhos possam constituir-se como unidades autônomas, como pessoas com investimento narcísico próprio.

Muitas vezes observamos em famílias incestuosas uma espécie de regime fechado a que são submetidos seus membros. Este pode expressar-se por um rígido controle dos relacionamentos extrafamiliares, muitas vezes proibidos. Mantendo uma coesão familiar em regime do que podemos chamar de perversão narcísica, a família muitas vezes restringe seus contatos externos, sob as mais diversas alegações. Desta forma, ocorre até de algumas crianças serem impedidas de ir à escola, e outras proibidas de qualquer vínculo com colegas.

A eventualidade de que uma filha tenha um namorado pode aparecer como uma ameaça para este tipo de funcionamento familiar. Além de este fato aproximar da família um elemento externo, o direcionamento do afeto da filha para uma pessoa alheia ao núcleo familiar rompe a homeostase da família. Observamos que às vezes, em famílias com este perfil, o abuso passa a ser expresso em ato a partir do momento em que se tem notícia de que a filha tem um primeiro namorado.

Racamier coloca ainda que o incesto em uma geração induz à devastação incestuosa a seguinte por meio da violência. Para o autor, esta violência se traduz na desqualificação destrutiva da vítima, da dinâmica de seu eu e de seu funcionamento edípico pela exigência de segredo e pela desqualificação da verdade. A relação de objeto neste contexto é narcísica, o objeto incestual é um objeto fetiche, objeto parcial de propriedade fálica. Ele é interditado de desejos próprios, bem como de valor narcísico próprio, nesta condição resta-lhe navegar da cumplicidade e da submissão ao ódio e à atuação (Catoire, 1999).

Bollas (1992), ao escrever sobre o incesto na relação pai-filha, coloca uma visão bastante interessante a respeito de como a mãe está implicada na situação a partir da ótica da criança. Ele afirma que, no entendimento da criança, o acesso do pai ao seu corpo se dá através da mãe, como se esta o autorizasse, uma vez que seria ela, pela sua função e proximidade, que legislaria sobre o acesso à criança.

É comum que no atendimento de crianças e adolescentes que passaram pela experiência de incesto com seus pais (homens) seja muito mais expressivo um ódio dirigido à mãe do que ao pai, autor do abuso. Podemos entender este ódio como decorrente de um sentimento de que a proteção, atribuída à função da mãe, falha. Fuks (1998) coloca que, em função desta raiva contra a mãe, a criança se afasta da identificação com esta. Se do ponto de vista da menina a imagem da mãe é de uma pessoa frágil, desvalorizada, este afastamento permite que a criança reaja, assumindo uma posição diferente, posição de alguém que realmente merece e deve ser cuidado.

Summit (1983), também diante da presença de maior raiva dirigida à mãe, chama a atenção para um outro desfecho possível. Para o autor, nestas situações o vínculo mãe- filha se enfraquece, fazendo com que a filha perca a confiança em si como mulher e não se sinta digna de proteção, o que a faria manter-se buscando aceitação e proteção no contato com homens abusivos.

Podemos pensar que o valor narcísico que a criança preserva de si, que se traduz na sustentação de um de projeto identificatório e em um sentir-se digna de cuidados, é um importante fator na determinação da possibilidade da criança romper (ou não) um relacionamento incestuoso. A dependência que mantém o vínculo incestuoso entre pai e filha alimenta-se da fragilidade narcísica desta. Características do vínculo mãe /filha, como a imagem que a menina tem de sua mãe, sentimentos de rivalidade entre elas, a postura da mãe frente às solicitações (e à eventual comunicação da ocorrência de abuso) da filha e, especialmente, a imagem que a menina constrói de si, que em parte se baseia no contato com sua mãe, são fatores fundamentais na determinação de um maior ou menor risco de ocorrência de um abuso incestuoso. Uma vez ocorrido o abuso, sua perpetuação ou, ao contrário, a ruptura do vínculo incestuoso, também dependerá em grande medida destes fatores.

Pudemos ver como diferentes autores observam, cada um à sua maneira, aspectos característicos de relações incestuosas que podemos relacionar à aderência (ou não) da criança a este vínculo com seu pai. O longo período de extensão que, conforme se observa na clínica, é comum nas relações incestuosas demanda a compreensão destes aspectos. Questões ligadas à possibilidade de estruturação psicológica e de construção da identidade estão implicadas nestas situações.

O envolvimento da criança em situações incestuosas deve ser compreendido, não para emitirem-se julgamentos morais a este respeito, e nem com a finalidade de distribuírem-se atribuições de responsabilidade, mas para que se possa ajudá-la no seu desenvolvimento. Aliás, este mesmo intuito deve motivar o estudo da participação do pai, da mãe e eventualmente de irmãos na dinâmica familiar incestuosa.

Foram aqui levantados aspectos muito diversos relacionados à experiência de incesto. Um estudo desta natureza tem sua importância na construção teórica que nos auxilia a compreender estas situações. No entanto, cada caso de abuso sexual incestuoso é diferente do outro, sendo importante reforçar que o trabalho de análise com função terapêutica deve sempre partir da experiência particular, livre de posicionamentos definidos 'a priori'. Aliás, é assim que deve ocorrer em qualquer situação na qual se empreenda um trabalho de análise.

6
ALGUNS TRABALHOS QUE TRATAM DO TEMA

Nos últimos anos o tema do incesto tem recebido grande atenção, o que se nota pela quantidade de trabalhos publicados dedicados ao tema em diversas abordagens, dentro e fora do Brasil. São livros, teses, artigos publicados em periódicos etc.

O desenvolvimento do presente texto de certa forma reflete a pesquisa bibliográfica realizada. No entanto, há muitos textos importantes que tive a oportunidade de ler para a realização deste trabalho e que, por razões diversas, não aparecem nas reflexões contidas nos demais capítulos.

Citarei alguns deles descrevendo sucintamente suas abordagens. Uma ênfase maior é dada a trabalhos recentes de autores brasileiros. Acredito que tais informações possam ser úteis para quem pretende pesquisar o tema.

A tese de doutorado do psicanalista Claudio Cohen, defendida no Instituto de Psicologia da USP, foi posteriormente publicada em forma de livro sob o título "Incesto: um desejo" (Cohen, 1992). Este trabalho é dividido em capítulos nos quais o autor escreve sobre o tema do incesto e de sua proibição pesquisando como ele se expressa em diferentes aspectos da cultura humana, como a arte, a cultura, a religião e a lei, entre outros. A noção de que os desejos incestuosos existem e sempre existiram na humanidade, permanecendo geralmente recalcados, é o eixo central do texto. A pesquisa bibliográfica realizada remete o leitor a diferentes abordagens, podendo abrir novas linhas de pensamento. Em 1999 o mesmo autor publica o livro "Bioética e Sexualidade nas relações profissionais" (Cohen, 1999), fruto de sua tese de livre docência para a Faculdade de Medicina da USP. Neste livro discorre sobre a presença e a atuação da sexualidade nos vínculos formados a partir de relações profissionais, como a de professor/aluno ou a de médico/paciente. Considera que a derivação de tais contatos para a realização de impulsos sexuais é uma forma de desvirtuamento da relação, comparável à atuação incestuosa. Este conceito foi exposto e utilizado na reflexão desenvolvida no capítulo "Abuso Sexual: considerações teóricas" do presente texto.

Baseada em sua experiência inicialmente como supervisora de atendimentos, Renata Cromberg empreendeu cuidadosa pesquisa sobre os aspectos psicológicos envolvidos no incesto. Deste trabalho inicial, realizado com o apoio da Fundação Ford para a Fundação Carlos Chagas, e somando maior experiência na função de supervisora de instituições cujo trabalho relaciona-se com o incesto, dentre elas o CEARAS, ela escreveu o livro "Cena Incestuosa" (Cromberg, 2001). Trata-se de um trabalho minucioso de pesquisa e análise da questão, no qual a autora aplica seu pensamento psicanalítico debruçando-se sobre questões como a vitimização, as dificuldades no empreendimento da psicoterapia, e a função da instituição judiciária no atendimento à questão. É também realizada uma exposição a respeito do sentido cultural da interdição do incesto a partir de enfoques da antropologia social de Lévi-Strauss e de Heritiér. O livro inclui a exposição de entendimentos de outros autores psicanalistas que escreveram sobre o tema, como Bollas (1992) e Ferenczi ([1933] 1992). (Em outros capítulos do presente trabalho algumas das colocações destes dois autores sobre o tema são expostas e discutidas.)

A análise de alguns casos clínicos em que a autora coloca seus questionamentos enriquece particularmente o trabalho de

Cromberg, chamando a atenção para a complexidade de aspectos que emergem no trabalho psicoterapêutico empreendido.

Marcelo Neumann, em dissertação de mestrado defendida na PUC em 2002, coloca o abuso sexual como uma expressão de dominação em uma relação. O autor utiliza as ideias de pensadores da "teoria crítica" da escola de Frankfurt como Marcuse, Adorno e Horkheimer, que aplicam o pensamento freudiano e de alguns filósofos na compreensão de contextos sociais amplos, como, por exemplo, o nazismo. A partir destas ideias, Neumann faz uma análise de fatores sócio culturais implicados na configuração de uma condição de maior vulnerabilidade de alguns elementos em determinado contexto, e da violência implicada neste processo. É a partir desta ótica que o abuso sexual é analisado, identificando-se a posição da criança como de maior vulnerabilidade.

Em sua dissertação de mestrado apresentada em 2000, na Faculdade de Medicina da USP, Gisele Gobbetti defende a intervenção da Justiça e o atendimento em Saúde Mental para famílias com ocorrência de incesto. Para a autora, o grande período de duração das relações incestuosas e as dificuldades inerentes à denúncia indicam o envolvimento e a responsabilidade da família como um todo neste tipo de situação. Dentre as colocações deste trabalho, destaca-se uma reflexão crítica a respeito da definição que comumente se tem de agressor e de vítima, que pode levar a interpretações maniqueístas, simplistas. Segundo a autora, a distinção que se faz com os "rótulos" de vítima e agressor é um reflexo de tendências esquizo-paranóides na interpretação dos fatos. Ela coloca que

> encarar alguns indivíduos como 'agressores' e outros como 'vítimas', na tentativa de excluir socialmente os primeiros, nada mais é do que o reflexo de uma sociedade paternalista que atua de um modo 'esquizoparanóide', fazendo esta cisão entre 'bom' e 'mau' e projetando os aspectos 'maus' nos rotulados 'agressores' (p. 95).

Neste sentido podemos pensar que a ansiedade de se lidar com a questão pode impedir interpretações mais integradas e verdadeiras, predominando a tendência de separar o que pode ser identificado como bom do que pode ser identificado como mau. Trata-se de uma consideração importante na medida em que os estereótipos só afastam a real observação do que ocorre e devem ser denunciados. No entanto, é necessário ter cautela com a extensão deste tipo de colocação, pois pode-se correr o risco de distribuirem-se equitativamente as responsabilidades entre os membros da família, o que pressupõe uma negação da assimetria na relação entre a criança e seu pai, inerente às diferentes funções de cada um na dinâmica familiar.

O trabalho de Gobbetti destaca, ainda, quatro aspectos que, para a autora, seriam característicos do funcionamento de famílias incestuosas. Seriam eles: 1: "Definição de família" (dificuldades na delimitação do grupo familiar, havendo interferências constantes de outras pessoas); 2: "Dificuldade de simbolização"; 3: "A falta da função de mãe"; 4: "Abuso sexual enquanto sintoma". São então apresentados relatos clínicos dos atendimentos realizados pela autora no CEARAS (Centro de Estudos e Atendimento Relativos ao Abuso Sexual) de quatro famílias com ocorrência de incesto. Para cada caso relatado é realizada uma análise que tem como eixo um dos quatro aspectos citados.

Uma coletânea de textos em que os diversos autores apresentam seus enfoques para a questão do abuso sexual de crianças, sendo que há autores de várias profissões que têm em comum o fato de trabalhar no atendimento destas situações, compõe o livro "Compreendendo a violência sexual em uma perspectiva multidisciplinar", organizado por Maria Gorete Vasconcelos e Linda Simone Mallak (2002). São médicos, psicólogos, assistentes sociais, um juiz de direito, psicanalistas, discorrendo sobre o tema. Os autores, em sua maioria, fazem parte de instituições especializadas para tratar desta questão, como o CEARAS, o CRAMI (Centro regional de atenção aos maus tratos na infância), o PAVAS (Programa de atenção às vítimas de abuso sexual), o CNRVV (Centro de referência às vítimas de violência do Instituto Sedes Sapientiae), entre outras.

A diversidade de abordagens presente no livro traz ao leitor a complexidade da questão, que é abordada incluindo aspectos médicos objetivos, implicações psicológicas envolvidas e análise de influências do contexto social na ocorrência de abuso. As questões relativas a formas de atendimento prestado por instituições de saúde e pela Justiça também são abordadas.

O livro "Crianças vitimizadas: a síndrome do pequeno poder", organizado por Maria Amélia Azevedo e Viviane Guerra (1989), também é uma coletânea de diversos autores sobre o tema. Destacarei alguns pontos de vista expressos por Azevedo no capítulo sobre as consequências psicológicas da vitimização de crianças e adolescentes. Para a autora, o abuso sexual se insere em um contexto social definido como patriarcal e sexista, no qual o poder é exercido pelos adultos. Azevedo coloca que a violência sexista está baseada na assimetria das relações de gênero, historicamente construídas e socialmente prevalentes. Acrescenta que as crianças que passaram pela experiência de abuso sexual vivenciam um "desamparo aprendido", decorrente de um "...estado de sítio a que estão submetidas pelos descaminhos do amor-posse (falocrático e adultocêntrico)" (p. 163).

Uma colocação interessante de Azevedo é a de que, entre os fatores que concorrem para o sentimento de culpa experimentado pelas meninas que sofrem abusos, está o fato de que ter ódio dirigido aos pais é algo em princípio repreensível, uma vez que eles deveriam ser amados. A autora fala, baseada em outros autores, que as relações criança-adulto são permeadas de descrédito, o que favorece a formação de um complô de silêncio em torno do abuso, dificultando sua denúncia.

Um breve estudo de caso baseado em uma entrevista que seria de início de uma análise que não se desenvolveu é apresentado por Walkíria Grant em seu artigo "Um estudo sobre o incesto pai-filha" (2000). Trata-se de um caso de incesto pai-filha. A partir do relato a autora faz uma reflexão a respeito da experiência da paciente articulando-a com considerações teóricas. Dentre as conclusões, consta que em nenhum dos quatro casos analisados pela autora até então pode-se dizer que se trata de psicose, o que, para a autora, os diferenciava do incesto entre mãe e filho. Outra conclusão é de que,

> ...a vivência do incesto é correlata a uma devastação, pois coloca em jogo marcos referenciais da identidade - 'quem sou eu?... filha/esposa?'. Suas consequências sintomáticas na vida sexual foram: frigidez, afastamento do 'homem', ou a busca desesperada de parceiros que possam magicamente suturar o vazio deixado pela vivência traumática (p. 73).

Em sua dissertação de mestrado intitulada "As relações esquecidas: um estudo psicanalítico sobre a distinção necessária entre abuso sexual e incesto"(2000), Maria Flávia Goldfeder defende que há uma distinção entre incesto e abuso sexual cometido pelo pai. Para a autora a expressão "incesto" deve ser utilizada estritamente em referência a um sentido que a psicanálise, em especial a vertente lacaniana, confere ao termo, que corresponde à realização de impulsos primitivos no sentido da fusão da mãe com a criança, sem que a "função paterna" opere realizando o "corte" necessário. Goldfeder coloca,

> ... toda transgressão é um abuso, e todo incesto comporta essa dimensão de abuso, porém nem todo abuso, mesmo quando cometido pelo pai ou pela mãe, é incesto; isso porque a denominação de incesto irá depender da posição ocupada na relação com a função materna e paterna e do desejo dos pais, bem como da referência cultural na qual se inserem essas relações. Assim, devemos considerar *o incesto da ordem do gozo com a mãe distinguindo-o do abuso sexual, da ordem da transgressão à interdição paterna do desejo incestuoso* (p. 11).

O psicanalista francês Serge Leclair, ao escrever sobre incesto, coloca o conceito referindo-se ao "gozo com o corpo da mãe", o que ele explica que corresponde a escamotear sua função de limite e ter acesso ao gozo absoluto e proibido (1992, p. 27). O texto de Goldfeder está de acordo com esta acepção na utilização do termo.

No presente trabalho esta distinção colocada por Goldfeder não é expressa no uso ou não da palavra incesto. Optei pela sua utilização em uma acepção mais ampla, de acordo com o senso comum e os dicionários não especializados em psicanálise. Portanto, o relacionamento sexual entre pai ou padrasto e filha ou enteada é aqui considerado como incesto. Apesar disto, baseada em experiência clínica, também reconheço a distinção dentro deste conceito mais amplo de incesto a que se refere Goldfeder. Algumas situações de relacionamento incestuoso não representam a atuação inalterada de impulsos edípicos. Refletem, ao contrário, situações complexas e variadas, e é este o tema deste estudo.

Em um trabalho sobre incesto faz-se necessário citar as ideias do norte americano Summit (1983;1992), tanto pelo interesse de suas observações sobre alguns aspectos importantes em relação ao incesto, como pela polêmica que ocorreu nos Estados Unidos em função da aplicação equivocada de suas colocações com propósitos periciais.

Em artigo publicado em 1983, Summit descreve o que chamou de "The child sexual abuse accomodation syndrome" (síndrome de acomodação no abuso sexual de crianças). Observando as dificuldades enfrentadas pela criança na realização e na sustentação da denúncia de um abuso sexual incestuoso sofrido, Summit descreve aspectos que definem o contexto psicológico em questão. Sua proposta é explicar por que muitas vezes a criança não denuncia o fato de sofrer abuso, e, se o faz, não é raro que a denúncia seja tardia. Ele também constata e explica a ocorrência de casos em que as crianças retiram a denúncia, "desmentindo" suas afirmações anteriores. Para tanto, ele faz uma análise das distorções de funções que caracterizam este tipo de situação, colocando que a menina acaba assumindo, secretamente, muitas das funções da mãe. Dentre os aspectos que dificultariam a denúncia, Summit coloca que a menina assume para si o compromisso de "proteger" a família de sua desintegração. Protege a mãe que não suportaria a informação, protege outros irmãos mantendo-se como único alvo. Protege o pai do enfrentamento de suas dificuldades. Para o autor, desta forma, a criança parecerá aceitar ou até procurar o relacionamento sexual sem reclamar. E assim não o denunciará, podendo inclusive retirar uma eventual denúncia de um fato que seria verdadeiro.

A repercussão deste artigo foi grande nos Estados Unidos. O autor coloca em artigo posterior (Summit, 1992) que suas ideias foram utilizadas de maneira distorcida, uma vez que passaram a constar em processos de acusação de abuso sexual de forma a praticamente impossibilitar que se concluísse, neste tipo de processo, pela não ocorrência de abuso.

Margolis, psicanalista norte americano, escreveu em 1984 sobre a análise de um paciente que ele atendeu por vários anos. Tratava-se de um rapaz que teve um relacionamento sexual duradouro com sua mãe, iniciado na adolescência. Nas conclusões gerais de seu estudo o autor coloca que a atuação incestuosa do rapaz correspondia a uma formação de compromisso, isto é, configurava-se como a resultante de um quadro de conflito psíquico em que a maior parte dos impulsos edípicos estava reprimida e o superego encontrava-se atuante. Desta forma, a conduta incestuosa expressava uma atuação distorcida, defensivamente alterada, de impulsos pré-edípicos e edípicos associados a intensos sentimentos de culpa. Estes últimos reforçavam a conduta incestuosa como uma busca de punição auto imposta, relativa a um superego desenvolvido, porém mal-formado.

As conclusões de Margolis são de interesse especial por colocarem de forma muito clara aspectos de um quadro psicológico, no qual há ocorrência de incesto, que não são comumente observados pela maior parte dos autores, chamando a atenção para a complexidade da questão.

Há muitos outros trabalhos importantes que poderiam ser aqui citados, no entanto, dada a natureza da proposta do presente texto, não cabe fazer aqui uma vasta revisão da bibliografia disponível sobre o tema. Foram selecionados alguns textos que demonstram a diversidade de abordagens possível, contribuindo, cada um à sua maneira, para a aproximação ao tema.

7
REFERÊNCIAS BIBLIOGRÁFICAS

AULAGNIER, P. O eu e a conjugação do futuro: sobre o projeto identificatório e a clivagem do eu. In: *A violência da interpretação*. Imago. Rio de Janeiro. 1979.

AULAGNIER, P. O segredo como condição para pensar. In: *Um Intérprete em busca de sentido*. Trad. Regina Steffen. São Paulo. Escuta. 1990. Vol. I

AZEVEDO M. A.; GUERRA, V. N. A. *Crianças vitimizadas: a síndrome do pequeno poder*. São Paulo. Iglu. 1989

BIRMAN, J. A morte entre a ética e a violência: notas introdutórias sobre a "cultura da violência". In: *Psicanálise, ciência e cultura*. Rio de Janeiro. Zahar. 1994. Série Pensamento Freudiano v.III.

BOLLAS, C. O trauma do incesto. In: *Forças do destino: psicanálise e idioma humano*. Trad. Rosa Maria Bergallo. Rio deJaneiro, Imago. 1992

CATOIRE, G. Séduction et incestualité. *J. Psychanalyse de L' Enfant*. v. 25. p. 73-90. Paris. Bayard ed. 1999.

COHEN, C. *Bioética e sexualidade nas relações profissionais*. São Paulo. Associação Paulista de Medicina. 1999

COHEN, C. *O incesto, um desejo*. São Paulo. Casa do Psicólogo. 1992

COSTA, J. F. Narcisismo em tempos sombrios. In: Rodrigues Fernandes, H. (org.) *Tempo de desejo*. São Paulo. Brasiliense. 1989.

COSTA, J. F. Saúde Mental, produto da educação? In: *Violência e psicanálise*. Rio de Janeiro. Edições Graal. 1984. p. 63-78

CROMBERG, R. U. *Cena Incestuosa*. São Paulo. Casa do Psicólogo. 2001 Col. Clínica Psicanalítica, dirigida por Flávio Ferraz.

DECOBERT, S. L'incest et l'incestuel de Paul-Claude Racamier. *Revue française de Psychanalyse*. 3/1997. p. 1031-1036.

FERENCZI, S. (1933). *Confusão de língua entre adulto e criança*. Trad. Álvaro Cabral. São Paulo. Martins Fontes. 1992. (Psicanálise IV: obras completas)

FERRAZ, F.C. A erotização do ódio na perversão. In: *Percurso*. Nº 26. São Paulo. 1º semestre de 2001. p. 121. Resenha de Stoller, R. J. Perversion: the erotic form of hatred. London, Karnak Books, 1986 [1975] , 240p.

FINKELHOR, D. *Child Sexual Abuse*. New York. Free Press. 1984

FREUD, S. (1895) A Prodos pseudos [primeira mentira] histérica. In: *Edição Standard Brasileira das Obras Psicológicas Completas de Sigmund Freud*. Trad. de Jayme Salomão. Rio de Janeiro. Imago. 1977. v.1.

FREUD, S. (1897). Extratos de documentos dirigidos a Fliess: cartas: 69, 71, 72 e 75 . *Op. cit.*, v.1.

FREUD, S. (1905). Três ensaios sobre a teoria da sexualidade. *Op. cit.*, v.7.

FREUD, S. (1913) Totem e tabu. *Op. cit.*, v.13.

FREUD, S. (1914). Sobre o narcisismo: uma introdução. *Op. cit.*, v.14.

FREUD, S. (1915) Luto e melancolia. *Op. cit.*, v.14.

FREUD, S. (1920) Além do Princípio do prazer. *Op. cit.*, v.18.

FREUD, S. (1923). O ego e o id. *Op. cit.*, v.19.

FREUD, S. (1924). O problema econômico do masoquismo. *Op. cit.*, v.19.

FREUD, S. (1930) O mal estar na civilização. *Op. cit.*, v.21.

FREUD, S. (1940). A divisão do ego no processo de defesa. *Op. cit.*, v. 23.

FUKS, L. B. Abuso sexual de crianças na família: reflexões psicanalíticas. In: *Percurso*. São Paulo. n 20. 1/1998.

FURNISS, T. *Abuso sexual da criança*: uma abordagem multidisciplinar. Trad.: Maria Adriana Veríssimo. Artes médicas.1993.

GOBBETTI, G. J. *Incesto e saúde mental: uma compreensão psicanalítica sobre a dinâmica das famílias incestuosas*. São Paulo. 2000. Dissertação de mestrado - Faculdade de Medicina da Universidade de São Paulo.

GOLDFEDER, M.F.F. *As relações esquecidas: um estudo psicanalítico sobre a distinção necessária entre abuso sexual e incesto*. São Paulo. 2000. Dissertação de Mestrado. PUC.

GRANT, W. H. Um estudo sobre o incesto pai-filha. *Psychê*. Ano 4, nº5. São Paulo. 2000

LACAN, J. O estádio do espelho como formador da função do eu. In: *Escritos*. Rio de Janeiro. Zahar. 1998. p. 96 a 103. (Comunicação feita no XVI Congresso Internacional de Psicanálise - Zurich, 17/7/1949)

LAPLANCHE, J. *A angústia*. São Paulo. Martins Fontes. 1993

LAPLANCHE, J. E PONTALIS, J. B. *Vocabulário da psicanálise*. São Paulo. Martins Fontes. 1991.

LAPLANCHE, J. *Vida e morte em psicanálise*. Porto Alegre. Artes Médicas. 1985

LECLAIR, S. Introdução à questão do incesto e do interdito. In: *O corpo erógeno: uma introdução à teoria do Complexo de Édipo*. Tradução de Paulo Viana Vidal. Pequeno acompanhamento crítico de Celio Garcia e Chaim Samuel Katz. 2ª edição revista e ampliada. São Paulo. Escuta. 1992.

LÉVI-STRAUSS, C. *As estruturas elementares de parentesco*. Trad. Mariano Ferreira. Petrópolis, Vozes; São Paulo, Edusp, 1976.

MARGOLIS, M. A case of mother - adolescent son incest: a follow up study. *Psychoanalytic Quarterly*, LIII. July,1984. p. 355 - 385.

NASIO, J. D. *Os sete conceitos cruciais da psicanálise*. Rio de Janeiro. Zahar. 1989.

NEUMANN, M.M. *Violência sexual: Dominação e sexualidade*. São Paulo. 2002. Dissertação de mestrado. PUC.

PINHEIRO, T. *Do grito à palavra*. Rio de Janeiro. Jorge Zahar. 1998.

SHENGOLD, L. *Soul murder: the effects of childhood abuse and deprivation*. New York . Yale University Press. 1989.

SUMMIT, R. C. Abuse of the Child Sexual Abuse Accommodation Syndrome. In: *Journal of Child Sexual Abuse*. Vol 1. N 4 1992. p. 152-177.

SUMMIT, R. C. The child sexual abuse accommodation syndrome. In : *Child Abuse & Neglect. The International Journal.* Vol 7. N 2. 1983. p. 177-193

UCHITEL, M. *Neurose traumática: uma revisão crítica do conceito de trauma*. S. P. Casa do psicólogo, 2001. Col. Clínica Psicanalítica, dirigida por Flávio Ferraz.

VASCONCELOS, M. G. O.M, ; MALLAK, L. S. (org.) *Compreendendo a violência sexual em uma perspectiva multidisciplinar*. Carapicuíba, SP. 2002. Fundação Orsa criança e vida.

Este livro foi composto com tipografia ITC Berkeley Oldstyle Std
e impresso em papel Luxcream 70g. na Gráfica Formato.